쌩기초부터 회화로 배우는

중국어
기초회화
즉문즉답

진우여 지음

Raspberry 라즈
베리

1판 1쇄 인쇄 2015년 9월 10일
1판 1쇄 발행 2015년 9월 14일

저자 진우여
펴낸이 임형경
펴낸곳 라즈베리
마케팅 김민석
책임디자인 렐리시
디자인 김선희
책임편집 장원희
편집 임단비

출판등록 제210-92-25559호
주소 (우 01364) 서울 도봉구 해등로 286-5 101동 905호 (방학동, 우성1차)
대표전화 070-8113-2165
팩스 0504-088-9913 / 0504-722-9913
홈페이지 www.raspberrybooks.co.kr
블로그 http://blog.naver.com/e_raspberry
카페 http://cafe.naver.com/raspberrybooks

ISBN 979-11-954376-3-4 (13720)

쌩기초부터 회화로 배우는 중국어 기초회화 즉문즉답은?

문법은 NO! 시작부터 말로 배우는 중국어 회화 책입니다.
쉐도잉 훈련을 통해 혼자서도 쉽게 중국어 회화를 완성할 수 있도록 구성했습니다.
지금 바로 중국어 즉문즉답을 시작해 보세요! 열 원어민쌤 결코 안 부럽습니다.

PART 1
즉문즉답 훈련용 MP3

200개 질문
594개 대답

실생활에서 나눌 법한 질문과 대답으로
구성된 MP3 무료 다운로드

1. 200개의 질문 중 순서에 상관없이 질문 선택
2. 질문에 스스로 대답할 수 있는지를 확인인
3. 질문과 대답이 녹음된 MP3 듣기
4. 즉문즉답 식으로 녹음된 MP3파일로 반복 연습

PART 2
쉐도잉 훈련용 MP3

20개 Scene

즉문즉답을 리얼 스토리로 엮은 Real
Life Conversation MP3 무료 다운로드

1. 매일매일 Real Life Conversation으로 5분 쉐도잉 훈련
2. 200개의 질문을 듣는 동안 200번 반복하는 효과

*쉐도잉 훈련이란?
생생한 오디오를 들으면서 성우의 목소리와 톤까지 그대로
따라 하는 학습법

팟캐스트 저자 직강 MP3
200강

중국어 기초를 콕콕 짚어 주며
자연스러운 회화로 완성하는
MP3 강의 무료 다운로드

1. Q&A 본문으로 오늘 배울 내용 파악
2. 원어민의 명쾌한 강의에 귀 쫑긋 세우기
3. 원어민 선생님과 발음 연습
4. Scene별로 Real Life Conversation 듣기

왕초보 단계에서 중국어 말하기 시험(TSC) LEVEL 4까지 단숨에!
문법 NO! 쉐도잉 훈련 YES! 왕초보도 중국어 즉문즉답 하나면 OK!

准备好了吗? 开始!

PART 1

即问即答

즉문즉답 훈련용 MP3를 다운로드받아

10초 안에 답하는 연습을 해보세요!

아무 생각 없이 나오는 중국어가

진짜 중국어라는 걸 아시나요~?

즉문즉답 훈련용
MP3 무료 다운로드

10초 안에 답하는 연습을 반복해 보세요.
그 어렵던 중국어가 쏙쏙~
이제 중국어 앞에서 달라지세요.

내용이 쏙쏙 이해되는
원어민쌤 팟빵 강의

매일매일 1강씩 원어민 강의를
챙겨 보세요.
문장이 이해되는 날이면 게임 끝!

001

nǐ hǎo.

你好。 ▶ 안녕하세요.

너   좋다

1 你(nǐ) 너 | 您(nín) 당신, 귀하
2 你(nǐ)는 영어의 you와 같이 특별히 낮추는 뜻은 없어요.
3 您(nín)은 你(nǐ)의 존칭어로 지위가 높은 사람이나 나이 든 사람에게 써요.

A1

nǐ hǎo.

你好。 ▶ 안녕하세요.

너   좋다

A2

nín hǎo.

您好。 ▶ 안녕하세요. 〈존대〉

선생님   좋다

↳ 您(nín)은 마음의 心(xīn) 위에 당신의 你(nǐ)를 올려놓았다고 생각하면 기억하기 쉬워요.

A3

zǎo shang hǎo.

早上好。 ▶ 좋은 아침이에요. 〈시간에 따른 인사〉

아침   좋다

↳ 1 早上好(zǎo shang hǎo) 좋은 아침 | 中午好(zhōng wǔ hǎo) 좋은 점심
　　下午好(xià wǔ hǎo) 좋은 오후 | 晚上好(wǎn shang hǎo) 좋은 저녁
　2 中午好(zhōng wǔ hǎo)의 성조 3-3 → 2-3 주의!
　　下午好(xià wǔ hǎo)의 성조 3-3 → 2-3 주의!

002

zuì jìn zěn me yàng?

最近怎么样? ▶ 그동안 잘 지냈어요?

최근   어때요?

1 **最近好吗**(zuì jìn hǎo ma)? 그동안 잘 지냈어요? 〈같은 표현〉
2 **吃饭了吗**(chī fàn le ma)? 밥 먹었어요? 〈식사 시간 전후〉
3 **去哪儿啊**(qù nǎr a)? 어디 가요? 〈상대방이 어디 가고 있을 때〉

A1 **hěn hǎo,   nǐ ne?**

很好，你呢? ▶ 잘 지냈어요. 당신은요?

아주 좋다   너는?

↳ 很好(hěn hǎo) = 挺好的(tǐng hǎo de) 좋다, 괜찮다, 잘 지내다

A2 **hái xíng.**

还行。 ▶ 그럭저럭 괜찮아요.

여전히 좋다

↳ 还行(hái xíng) = 还好(hái hǎo) 그럭저럭 괜찮다
　　　　　　　还可以(hái kě yǐ) 나쁘지도 좋지도 않다, 괜찮다

A3 **lǎo yàng zi.**

老样子。 ▶ 항상 그렇지요. / 그냥 그래요.

옛   모습 (옛 모습 그대로다)

↳ 老样子(lǎo yàng zi) 옛 모습, 옛 모양

003

hěn gāo xìng jiàn dào nǐ.
很高兴见到你。 ▶ 만나서 반가워요.
아주 반갑다 만나다 너

1. 很(hěn) 아주 │ 高兴(gāo xìng) 반갑다, 기쁘다 │ 见到(jiàn dào) 만나다
2. 见到你很高兴(jiàn dào nǐ hěn gāo xìng)。 당신을 만나서 반가워요. 〈같은 표현〉

A1

wǒ yě shì.
我也是。 ▶ 저도요.
나 도 이다

 也(yě) …도

---

xiè xie.
谢谢。 ▶ 감사합니다.
감사 감사

➡

bú yòng xiè.
不用谢。 ▶ 별말씀을요.
없다 필요 감사

不用谢(bú yòng xiè) = 不客气(bú kè qi) 별말씀을요

---

duì bu qǐ.
对不起。
죄송하다

➡

méi guān xi.
没关系。
없다 관계

▶ 죄송해요. / 미안해요.

▶ 괜찮아요.

没关系(méi guān xi) = 不要紧(bú yào jǐn) 문제될 것이 없다 = 没事儿(méi shìr) 상관없다

---

qǐng wèn nǐ jiào shén me míng zi?
请问你叫什么名字？
please 묻다 너 부르다 뭐라고 이름

▶ **이름이 어떻게 되세요?**

1 **请**(qǐng) 영어의 please + **问**(wèn) 묻다 〈예의를 갖춰서 물어보고 싶을 때 사용〉
2 **你叫什么名字**(nǐ jiào shén me míng zi)? 이름이 뭐예요? 〈가벼운 표현〉
3 **您贵姓**(nín guì xìng)? 성씨가 어떻게 되세요? 〈정중한 표현〉

A1
wǒ jiào jīn mín yǒu.
我叫金民友。 ▶ 김민우라고 해요.
나 부르다 김민우

 叫(jiào) 부르다

A2
wǒ de míng zi shì jīn mín yǒu.　nǐ ne?
我的名字是金民友。你呢？
나 의 이름 이다 김민우 너는?

▶ 제 이름은 김민우예요. 당신은요?

- - - - - - - - - - - - - -

➡ wǒ shì liú mǐn.
我是刘敏。 ▶ 저는 류민이에요.
나 이다 류민

Q005

zěn me chēng hu nǐ?

怎么称呼你？ ▶ 뭐라고 불러야 할까요?

어떻게　　부르다　　너

1 **称呼**(chēng hu) …라고 부르다 〈叫(jiào)보다 정중한 표현〉
2 **怎么称呼您**(zěn me chēng hu nín)? 어떻게 불러 드릴까요? 〈나이 든 사람에게 사용〉

A1　jiào wǒ mín yǒu jiù xíng le.

叫我民友就行了。 ▶ 민우라고 부르면 돼요.

부르다 나 민우 …하면 되다

┗▶ **…就行了**(jiù xíng le) …하면 되다

A2　jiào wǒ mín yǒu ba.

叫我民友吧。 ▶ 민우라고 불러 줘요.

부르다 나 민우 제의

┗▶ 어기조사인 **吧**(ba)는 늘 문장 끝에서 제의, 기대, 명령 등을 나타내요.
　　여기서는 제의를 하고 있어요.

▶ nà nǐ jiào wǒ xiǎo liú ba.

那你叫我小刘吧。 ▶ 그럼 저는 샤우류라고 불러 주세요.

그럼 너 부르다 나 샤우류 청유

호칭

형식	예	사용 방법
小(xiǎo) + 성	**小刘**(xiǎo liú)	어린아이 / 나보다 어린 사람 / 남녀 공용
老(lǎo) + 성	**老刘**(lǎo liú)	중년 / 나보다 나이가 많은 사람 남자가 주로 사용
이름 + **哥**(gē)	**民友哥**(mín yǒu gē)	~ 형, 오빠
성 + **姐**(jiě)	**刘姐**(liú jiě)	~ 누나, 언니

006

nǐ zuò shén me gōng zuò?
你做什么工作?

너 하다 무슨 일

▶ 어떤 일을 하고 계세요?

1 做什么工作(zuò shén me gōng zuò)? 무슨 일을 해요?
2 现在你做什么工作(xiàn zài nǐ zuò shén me gōng zuò)? 현재 어떤 일을 해요?

A1

wǒ shì xué sheng.
我是学生。 ▶ 학생이에요.

나 이다 학생

↳ 学生(xué sheng) 학생 │ 老师(lǎo shī) 선생님 │ 公司职员(gōng sī zhí yuán) 회사원

A2

wǒ hái shì xué sheng.
我还是学生。 ▶ 아직 학생이에요.

나 아직 이다 학생

↳ 还(hái) 아직, 여전히

A3

wǒ zài yī yuàn gōng zuò.
我在医院工作。 ▶ 저는 병원에서 일해요.

나 에서 병원 일하다

1 医院(yī yuàn) 병원 │ 工作(gōng zuò) 일하다
2 在(zài)는 '…에/에서 …있다'는 뜻으로 어떤 장소나 상태에 있다는 말이에요.

007

nǐ jīn nián duō dà le?

你今年多大了? ▶ 올해 몇 살이에요?
너 올해   얼마나 되다

1 了(le)는 과거 시제를 나타내는 어기조사 〈문장 끝이나 동사 뒤에서 주로 변화를 나타냄〉
2 你几岁了(nǐ jǐ suì le)? 몇 살이야? 〈어린아이에게 사용〉
3 您多大年纪了(nín duō dà nián jì le)? 연세가 어떻게 되세요? 〈나이 든 사람에게 사용〉

A1

èr shí liù le.

二十六了。 ▶ 스물여섯이에요.
26   되다

A2

wǒ èr shí liù suì le.

我二十六岁了。 ▶ 저는 스물여섯 살이에요.
나 26   살 되다

↳ 岁(suì) 살

A3

wǒ jīn nián xū suì èr shí, shí suì shí bā.

我今年虚岁二十，实岁十八。
나 올해 한국 나이 20   만 18

▶ 전 올해 스무 살이 됐어요. 만 열여덟 살이에요.

↳ 1 虚岁(xū suì) 한국 나이 〈태어나면 한 살로 치는 것〉
　 2 实岁(shí suì) 만 나이 〈태어나서 1년이 지나야 한 살로 치는 것〉

nǐ de diàn huà hào mǎ shi duō shǎo?

你的电话号码是多少?
너 의 전화번호 이다 몇 번

▶ 전화번호는 몇 번이에요?

电话号码(diàn huà hào mǎ) 전화번호 │ 多少(duō shǎo) 얼마

A1

líng yāo líng yāo èr sān sì wǔ liù qī bā.

0 1 0 - 1 2 3 4 - 5 6 7 8 。

▶ 010-1234-5678이에요.

1 일반적으로 숫자 1은 yī로 읽지만, 전화번호를 말할 때는 yāo로 읽어요.

2 # (샤프)는 井字键(jǐng zì jiàn), * (별표)는 米字键(mǐ zì jiàn)이라고 해요.

A2

wǒ de diàn huà hào mǎ shì líng yāo líng yāo èr sān sì wǔ liù qī bā.

我的电话号码是010-1234-5678。
저 의 전화 번호 이다

▶ 제 전화번호는 010-1234-5678이에요.

A3

wǒ de shǒu jī hào mǎ shì líng yāo líng yāo èr sān sì wǔ liù qī bā.

我的手机号码是010-1234-5678。
저 의 휴대전화 번호 이다

▶ 제 휴대전화 번호는 010-1234-5678이에요.

1 我的(wǒ de) 나의 → 你的(nǐ de) 너의

2 手机(shǒu jī) 휴대전화 → 智能手机(zhì néng shǒu jī) 스마트폰

009

qǐng gào su wǒ nǐ de yóu xiāng dì zhǐ.

请告诉我你的邮箱地址。

please 알리다　　나　너　의　메일　　주소

▶ 메일주소 좀 알려 주세요.

1 告诉(gào su) 말하다, 알리다
2 请告诉我(qǐng gào su wǒ)…… 을/를 알려 주세요
3 邮箱地址(yóu xiāng dì zhǐ) 메일주소

A1

wǒ de yóu xiāng dì zhǐ shì

我的邮箱地址是

나　의　메일　　주소　　이다

minwoo890428@naver.com。

▶ 제 메일주소는 minwoo890428@naver.com이에요.

 用户名(yòng hù míng) 아이디 | 密码(mì mǎ) 비번 | 登录(dēng lù) 로그인
退出(tuì chū) 로그아웃 | 小老鼠(xiǎo lǎo shǔ) 골뱅이(@) | 点(diǎn) 점(.)
底线(dǐ xiàn) 언더바(_) | 横杠(héng gàng) 하이픈(-) | 斜杠(xié gàng) 슬래시(/)
分号(fēn hào) 세미콜론(;) | 冒号(mào hào) 콜론(:)
数字(shù zì) 숫자 | 字母(zì mǔ) 알파벳
大写(dà xiě) 대문자 | 小写(xiǎo xiě) 소문자

---

wǒ zài fā diàn yóu gěi nǐ.

我再发电邮给你。 ▶ 나중에 이메일 보낼게요.

나　다시　보내다　이메일　　주다　너

再(zài) 나중에, 다시 | 发(fā) 보내다 | 电邮(diàn yóu) 이메일 | 给(gěi) 주다

중국판 SNS
脸书(liǎn shū) 페이스북 → 중국판 人人网(rén rén wǎng) : www.renren.com
推特(tuī tè) 트위터 → 중국판 微博(wēi bó) : www.weibo.com

Q10

zài jiàn!
再见! ▶ 또 봐요. / 또 볼게요.
또 보다

1 **再见**(zài jiàn)은 헤어질 때 하는 가장 흔한 인사말이에요.
2 **再见**으로 인사하면 그대로 **再见**이라고 답해도 돼요.

A1

xià cì jiàn.
下次见。 ▶ 다음에 봐요.
다음에   보다

1 **下次**(xià cì) 다음에 | **明天见**(míng tiān jiàn) 내일 봐요
2 다음에 보자는 말은 다른 말로 "**回头见**(huí tóu jiàn)。 이따가 봐요. / 또 보자."라고도 해요.

A2

zài lián luò.
再联络。 ▶ 다시 연락해요.
또   연락하다

한동안 못 만나는 경우에는 "**多保重**(duō bǎo zhòng)。 몸 조심하세요."라고도 해요.

A3

qǐng màn zǒu.
请慢走。 ▶ 안녕히 가세요.
please 느리다 걷다

1 **慢走**(màn zǒu)는 직역하면 '천천히 가다'로 '조심해서 잘 가다'라는 뜻이죠.
2 '안녕히 계세요'는 **请留步**(qǐng liú bù)로, **留步**(liú bù)는 '나오지 마라'라는 말이에요.
구어체는 **不用送了**(bú yòng sòng le)예요.

011

jīn tiān jǐ yuè jǐ hào?

今天几月几号？

오늘   몇   월 몇   일

▶ 오늘 몇 월 며칠이에요?

1 号(hào) = 日(rì) 일 | 几(jǐ) 몇
2 号(hào)는 회화체, 日(rì)는 문어체예요.

A1

sì yuè shí hào.

四月十号。 ▶ 4월 10일이에요.

4   월 10   일

A2

jīn tiān shì sān yuè qī hào.

今天是三月七号。 ▶ 오늘은 3월 7일이에요.

오늘   이다 3   월   7   일

1 今天(jīn tiān) 오늘 | 昨天(zuó tiān) 어제 | 前天(qián tiān) 그저께
　明天(míng tiān) 내일 | 后天(hòu tiān) 모레
2 是(shì)는 동사 '…이다'라는 뜻으로, 영어의 am/is/are에 해당해요. 반대말인
　'…이 아니다'는 不是(bú shì)라고 해요. 예를 들어 오늘 3월 7일이 아니라고 하고 싶을 때는,
　"今天不是三月七号(jīn tiān bú shì sān yuè qī hào). 오늘은 3월 7일이 아니에요."라고 해요.

A3

wǔ yuè èr shí liù hào ba?

五月二十六号吧？ ▶ 5월 26일인가?

5   월 26   일 추측

吧(ba)는 불확실한 추측을 나타내는 어기예요.

012

jīn tiān xīng qī jǐ?
今天星期几? ▶ 오늘 무슨 요일이에요?
오늘   요일   무슨

1 星期(xīng qī) = 礼拜(lǐ bài) = 周(zhōu) 요일
2 星期一(xīng qī yī) = 礼拜一(lǐ bài yī) = 周一(zhōu yī) 월요일

A1
xīng qī yī.
星期一。 ▶ 월요일이에요.
월요일

星期一(xīng qī yī) 월요일 | 星期二(xīng qī èr) 화요일 | 星期三(xīng qī sān) 수요일
星期四(xīng qī sì) 목요일 | 星期五(xīng qī wǔ) 금요일 | 星期六(xīng qī liù) 토요일
星期日(xīng qī rì) 일요일

A2
xīng qī yī ba?
星期一吧? ▶ 월요일인가?
월요일   추측

A3
hǎo xiàng shì xīng qī rì.
好像是星期日。 ▶ 일요일인 것 같은데요.
…인 것 같다 이다 일요일

星期日(xīng qī rì)는 星期天(xīng qī tiān), 礼拜天(lǐ bài tiān), 礼拜日(lǐ bài rì), 周日(zhōu rì)
라고도 해요. 다만 周天(zhōu tiān)이라는 말은 없어요.

xiàn zài jǐ diǎn?

现在几点？ ► 지금 몇 시예요?

지금　　　　　 몇　시

1 **现在**(xiàn zài) 지금
2 **请问**(qǐng wèn)을 앞에 붙이면 예의 바른 표현이 돼요.
3 **几**(jǐ) 성조 변화 주의 〈3성이 연속적으로 두 개 있을 때 앞 글자가 2성으로 변함〉

A1

jiǔ diǎn sān shí fēn.

九点三十分。 ► 9시 30분이에요.

9　시　30　　분

　　1 **九点半**(jiǔ diǎn bàn)이라고도 해요.
　　2 **点**(diǎn) 시 | **分**(fēn) 분 | **半**(bàn) 반, 30분

A2

shí diǎn shí wǔ fēn.

十点十五分。 ► 10시 15분이에요.

10　시　15　　분

　　1 **十点一刻**(shí diǎn yī kè)라고도 해요.
　　2 **十五分**(shí wǔ fēn) = **刻**(kè) 15분 | **30分**(sān shí fēn) 30분 = **半**(bàn) 반

A3

liǎng diǎn wǔ shí liù fēn.

两点五十六分。 ► 2시 56분이에요.

11　시　56　　분

　　1 시간과 수량을 말할 때 **二**(èr) 대신 **两**(liǎng)이라고 해요.
　　2 2시 56분은 "**差四分三点**(chà sì fēn sān diǎn)。 3시 4분 전이에요."라고도 해요.
　　3 **差**(chà) 모자라다, 표준에 못 미치다

nǐ zǎo shang jǐ diǎn qǐ chuáng?
你早上几点起床?
너 아침 몇 시 일어나다

▶ 아침에 몇 시에 일어나요?

> 1 早上(zǎo shang) 앞에 今天(jīn tiān) 오늘, 昨天(zuó tiān) 어제, 前天(qián tiān) 그저께 등을 넣어서 물어볼 수도 있어요.
> 2 你今天早上几点起床(nǐ jīn tiān zǎo shang jǐ diǎn qǐ chuáng)? 오늘 아침에 몇 시에 일어났어요?

A1

qǐ diǎn.
七点。 ▶ 7시요.
7 시

A2

bù yí dìng.
不一定。 ▶ 규칙적이지 않아요.
아니다 꼭

> 不一定(bù yí dìng) 확정적이지 않다

A3

wǒ píng rì qī diǎn qǐ chuáng.
我平日七点起床。 ▶ 저는 주중에는 7시에 일어나요.
나 평일 7 시 일어나다

> 1 平日(píng rì) 평일, 주중 ↔ 周末(zhōu mò) 주말
> 2 起床(qǐ chuáng) 일어나다
> 3 일찍 일어난다고 말하고 싶을 때는 "你很早起(nǐ hěn zǎo qǐ)。일찍 일어나네요."라고 해요.
> 4 早起(zǎo qǐ) 일찍 일어나다 ↔ 晚起(wǎn qǐ) 늦게 일어나다

015

nǐ jǐ diǎn chī zǎo fàn?
你几点吃早饭?
너 몇 시 먹다 아침

▶ 아침은 몇 시에 먹어요?

1 **早饭**(zǎo fàn) 아침밥 ┃ **午饭**(wǔ fàn) 점심밥 ┃ **晚饭**(wǎn fàn) 저녁밥 ┃ **吃**(chī) 먹다
2 우리말로는 '아침/점심/저녁을 먹다'라고 하지만, 중국어에는 목적어가 동사 뒤에
오고, '을/를'과 같은 격조사가 없어요.

A1

qī diǎn bàn zuǒ yòu.
七点半左右。 ▶ 7시 반쯤이에요.
7 시 반 쯤

↳ 左右(zuǒ yòu) …쯤, …경

A2

wǒ bù chī zǎo fàn.
我不吃早饭。 ▶ 아침을 안 먹어요.
나 안 먹다 아침

↳ 1 不吃(bù chī) 안 먹다
2 과거로 부정할 때는 "我没吃早飯(wǒ méi chī zǎo fàn)。 나는 아침밥을 안 먹었어."와
같이 没(méi)를 써요.

A3

bù yí dìng.
不一定。 ▶ 일정하지 않아요.
아니다 꼭

Q016

nǐ jǐ diǎn shàng xué?

你几点上学? ▶ 학교는 몇 시에 가요?

너 몇 시 가다 학교

학교는 몇 시에 끝나는지 물어보고 싶으면 上学(shàng xué) 대신 **放学**(fàng xué)를 넣어 질문하면 돼요.

A1

bā diǎn.

八点。 ▶ 8시요.

8 시

A2

wǒ bā diǎn shàng xué.

我八点上学。 ▶ 8시에 학교에 가요.

나 8 시 가다 학교

上学(shàng xué) 학교에 가다

A3

wǒ bā diǎn shàng xué, xià wǔ sì diǎn fàng xué.

我八点上学，下午四点放学。

나 8 시 가다 학교 오후 4 시 끝나다 학교

▶ 8시에 학교에 가고, 오후 4시에 학교가 끝나요.

放学(fàng xué) 학교가 끝나다 ㅣ 下午(xià wǔ) 오후

017

nǐ men jǐ diǎn shàng kè?

你们几点上课?

너희   몇   시   수업하다

▶ 수업은 몇 시에 시작해요?

> 1 학교에서는 반 전체가 수업을 듣는 것이 일반적이므로 질문할 때는 你(nǐ) 대신
> 你们(nǐ men)을 써요.
> 2 수업이 몇 시에 끝나는지 물어보고 싶으면 上课(shàng kè) 대신 下课(xià kè)를
> 넣어 말하면 돼요.

A1
bā diǎn bàn.

八点半。 ▶ 8시 반이요.
8   시   반

A2
wǒ men bā diǎn bàn shàng kè.

我们八点半上课。 ▶ 우리는 8시 반에 수업을 시작해요.
우리   8   시   반   수업하다

↳ 你们(nǐ men) 너희들, 당신들 ┃ 他们(tā men) 그들 ┃ 上课(shàng kè) 수업을 듣다, 수업하다

A3
wǒ men bā diǎn bàn shàng kè,   xià wǔ sān diǎn bàn xià kè.

我们八点半上课，下午三点半下课。
우리   8   시   반   수업하다   오후   3   시   반   수업이 끝나다

▶ 우리는 8시 반에 수업을 시작하고, 오후 3시 반에 수업이 끝나요.

↳ 下课(xià kè) 수업이 끝나다

Q18

nǐ jǐ diǎn shàng bān?
你几点上班? ▶ 출근은 몇 시에 해요?
너 몇 시 출근하다

퇴근은 몇 시에 하는지 물어보고 싶으면 上班(shàng bān) 대신 下班(xià bān)을 넣어 말하면 돼요.

A1

bā diǎn shí fēn.
八点十分。 ▶ 8시 10분이요.
8 시 10 분

A2

wǒ bā diǎn shí fēn shàng bān.
我八点十分上班。 ▶ 8시 10분에 출근해요.
나 8 시 10 분 출근하다

┗ 上班(shàng bān) 출근하다, 일하기 시작하다

A3

wǒ bā diǎn shí fēn shàng bān, liù diǎn xià bān.
我八点十分上班, 六点下班。
나 8 시 10 분 출근하다 6 시 퇴근하다

▶ 8시 10분에 출근하고, 6시에 퇴근해요.

┗ 下班(xià bān) 퇴근하다

019

nǐ yì bān shén me shí hòu xǐ zǎo?
你一般什么时候洗澡?
너 평소 언제 목욕하다

▶ **평소 언제 샤워해요?**

1 **一般**(yì bān) 평상시 〈부사〉 / 평범하다 〈형용사〉
2 **什么时候**(shén me shí hòu) 언제

A1
zǎo shang qǐ chuáng hòu.
早上起床后。 ▶ **아침에 일어나서요.**
아침 일어나다 후

↳ 后(hòu) 뒤, 후

A2
wǎn shang shuì jiào qián.
晚上睡觉前。 ▶ **자기 전에요.**
저녁 잠자다 이전

↳ 晚上(wǎn shang) 저녁, 밤 | 睡觉(shuì jiào) 잠을 자다 | 前(qián) 이전

A3
jiàn shēn guò hòu.
健身过后。 ▶ **헬스한 후에요.**
헬스 …한 후

↳ 健身(jiàn shēn) 헬스 | …过后(guò hòu) …한 후

020

nǐ yì bān jǐ diǎn shuì jiào?
你一般几点睡觉?
녀 평소 몇 시 잠을 자다
▶ 평소 몇 시에 자요?

睡觉(shuì jiào) 잠을 자다

A1
shí èr diǎn zuǒ yòu.
十二点左右。 ▶ 12시쯤이요.
12 시 쯤

A2
wǎn shang shí èr diǎn zuǒ yòu.
晚上十二点左右。 ▶ 밤 12시쯤이요.
밤 12 시 쯤

A3
wǒ yì bān shí yī diǎn qián shuì.
我一般十一点前睡。 ▶ 평소에 11시 전에는 자요.
나 평소 11 시 전 자다

1 일찍 잔다고 말하고 싶을 때는 "你很早睡(nǐ hěn zǎo shuì)。 일찍 자네요."라고 해요.
2 早睡(zǎo shuì) 일찍 자다 ↔ 晚睡(wǎn shuì) 늦게 자다

021

jīn tiān tiān qì zěn me yàng?
今天天气怎么样?
오늘 날씨 어때요?

▶ 오늘 날씨는 어때요?

天气(tiān qì) 날씨 | 怎么样(zěn me yàng) 어떠세요, 어때요, 어때

A1

qíng tiān.
晴天。 ▶ 맑아요.
맑은 날씨

晴天(qíng tiān) 맑은 날씨 | 阴天(yīn tiān) 흐린 날씨
雨天(yǔ tiān) 비 오는 날씨 | 多云(duō yún) 구름이 많음

A2

tiān qì hěn hǎo.
天气很好。 ▶ 날씨가 좋아요.
날씨 아주 좋다

반대말인 '날씨가 안 좋아요'는 天气不好(tiān qì bù hǎo)라고 해요.

A3

tiān qì tǐng hǎo de.
天气挺好的。 ▶ 날씨가 꽤 좋아요.
날씨 꽤 좋다

挺好的(tǐng hǎo de) 꽤 좋다 ↔ 挺不好的(tǐng bù hǎo de) 매우 안 좋다
挺…的는 '꽤 …, 매우 …'라는 뜻으로 挺과 的 사이에는 형용사가 와요. 회화에서 많이 쓰죠.

022

jīn tiān tiān qì rè ma?

今天天气热吗?

오늘   날씨   덥다 의문

▶ 오늘 날씨 더워요?

1 热吗(rè ma)? 더워요?
2 冷吗(lěng ma)? 추워요?

A1

bú rè.

不热。 ▶ 덥지 않아요.

않다 덥다

1 不(bù)는 뒤에 오는 단어에 따라 성조가 달라지는데, 뒤에 1, 2, 3성이 오면 4성으로, 4성이
오면 不(bú)와 같이 2성으로 발음해요.
2 热(rè) 덥다 ㅣ 冷(lěng) 춥다 ㅣ 凉快(liáng kuài) 시원하다 ㅣ 暖和(nuǎn huo) 훈훈하다

A2

yǒu diǎn rè.

有点热。 ▶ 좀 더워요.

좀   덥다

1 有点(yǒu diǎn) = 有点儿(yǒu diǎnr) 조금, 약간
2 有点热(yǒu diǎn rè) 좀 덥다 ㅣ 有点冷(yǒu diǎn lěng) 좀 춥다
很热(hěn rè) 아주 덥다 ㅣ 很冷(hěn lěng) 아주 춥다
挺好的(tǐng hǎo de) 꽤 좋다 ㅣ 挺不好的(tǐng bù hǎo de) 꽤 좋지 않다

A3

rè sǐ le.

热死了。 ▶ 더워 죽겠어요.

덥다 …해 죽겠다

…死了(sǐ le)는 '…해 죽겠다'는 의미로 '추워 죽겠어요'는 冷死了(lěng sǐ le)라고 해요.

023

míng tiān tiān qì zěn me yàng?

明天天气怎么样?

내일 날씨 어때요?

▶ 내일 날씨는 어떨까요?

추측을 말할 때는 문장 끝에 吧(ba)를 쓰거나 문장 중간에 可能(kě néng) 또는 **应该**(yīng gāi)를 쓰면 돼요. 뒤에는 **会**(huì)를 붙여 可能会(kě néng huì), **应该会** (yīng gāi huì)로 말하기도 해요.

A1

míng tiān shì qíng tiān.

明天是晴天。 ▶ 내일은 맑을 거예요.

내일 이다 맑은 날씨

A2

míng tiān kě néng huì xià yǔ.

明天可能会下雨。 ▶ 내일 오후에 비가 내릴 것 같아요.

오늘 아마 …ㄹ 것 같다 내리다 비

1 可能(kě néng) 아마 …ㄹ 것 같다 │ 可能会(kě néng huì) …할 수도 있다, …ㄹ지도 모르다
2 下雨(xià yǔ) 비가 내리다

A3

yīng gāi huì xià xuě.

应该会下雪。 ▶ 아마 눈이 내릴 거예요.

…ㄹ 것이다 내리다 눈

1 应该(yīng gāi) …ㄹ 것이다 〈추측〉, …해야 되다 〈충고〉
2 下雪(xià xuě) 눈이 내리다 │ 刮大风(guā dà fēng) 큰 바람이 불다
雨夹雪(yǔ jiā xuě) 진눈깨비

你那里气温多少度?
nǐ nà lǐ qì wēn duō shao dù?
너 그쪽 기온 얼마 도

▶ 그쪽 기온은 어때요?

1 那里(nà lǐ) 거기, 그쪽 ↔ 这里(zhè lǐ) 여기, 이쪽 〈답할 때는 생략 가능〉
2 多少(duō shao)는 의문대명사로 수량을 물어볼 때 사용해요. 자주 사용하는 말로
　"多少钱(duō shao qián)? 얼마예요?"가 있어요.

A1 líng xià sān dù dào liù dù.
零下三度到六度。 ▶ 영하 3도에서 6도에 이르러요.
영하　3　도　달하다 6　도

 零下(líng xià) 영하 | 度(dù) 도

A2 zuì gāo qì wēn sān shí dù.
最高气温三十度。 ▶ 최고 기온이 30도예요.
최고　기온　30　도

 最高气温(zuì gāo qì wēn) 최고 기온

A3 běi jīng zuì jìn dōu zài wǔ dù yǐ xià.
北京最近都在五度以下。
베이징　최근　모두 에있다 5　도　이하

▶ 요즘 베이징은 거의 5도 이하네요.

 1 在(zài) …에서, …에 있다
2 在(zài)는 개사로 쓸 때 시간이나 공간, 정황 등 어떤 범위에 있는 것을 나타내요.
3 以下(yǐ xià) 이하 ↔ 以上(yǐ shàng) 이상

025

tiān qì yù bào zěn me shuō?
天气预报怎么说?
일기 예보 어떻게 말하다

▶ 일기예보에서 뭐라고 했어요?

¹ 天气预报(tiān qì yù bào) 일기예보
² 답할 때는 일기예보에서 들은 사실을 전하는 것이므로 확신에 찬 말투인 会(huì)를 많이 써요.

A1

míng tiān huì biàn lěng.
明天会变冷。 ▶ 내일 추워진대요.
내일 will 변하다 춥다

┗ 变(biàn) 변하다 | 变冷(biàn lěng) 추워지다 | 变热(biàn rè) 더워지다

A2

shàng wǔ duō yún, xià wǔ yǒu yǔ.
上午多云, 下午有雨。
오전 많은 구름 오후 오다 비가

▶ 오전에 구름이 많고, 오후에 비가 내린다고 해요.

┗ 1 上午(shàng wǔ) 오전 | 下午(xià wǔ) 오후 | 有雨(yǒu yǔ) 비가 오다 (있다)
   2 有雨(yǒu yǔ)는 下雨(xià yǔ)와 같은 뜻으로 주로 일기예보에서 자주 쓰는 말이에요.
     일상생활에서는 下雨를 더 많이 쓰죠.

A3

tiān qì yù bào shuō hòu tiān yǒu tái fēng.
天气预报说后天有台风。
일기 예보 말하다 모레 있다 태풍

▶ 일기예보에서 모레 태풍이 온다고 했어요.

┗ 说(shuō) 말하다 | 后天(hòu tiān) 모레 | 台风(tái fēng) 태풍

026

ní zuì xǐ huan jǐ yuè?
你最喜欢几月？
너 가장 좋아하다 몇 월

▶ 몇 월을 가장 좋아해요?

1 几月(jǐ yuè) 몇 월 = 哪个月(nǎ ge yuè) 어느 달
2 중국은 춘절과 10월 국경절 연휴가 평균 7일 정도로 가장 길어요.

A1

shí yuè.
十月。 ▶ 10월이요.
10 월

A2

wǒ zuì xǐ huan shí yuè.
我最喜欢十月。 ▶ 10월을 가장 좋아해요.
나 가장 좋아하다 10 월

A3

shí yuè, yīn wèi yǒu shí yī cháng jià.
十月，因为有十一长假。
10 월 때문에 있다 10월 1일 연휴

▶ 10월이요. 10일 연휴가 있으니까요.

1 长假(cháng jià) 긴 연휴
2 十一长假(shí yī cháng jià) 10월 1일 연휴 = 国庆长假(guó qìng cháng jià) 국경절 연휴,
十一黄金周(shí yī huáng jīn zhōu) 10월 1일 황금주

중국의 공휴일

元旦(yuán dàn)	신정	1월 1일
春节(chūn jié)	춘절/설날	음력 1월 1일
清明节(qīng míng jié)	청명절	4월 4일 또는 5일
劳动节(láo dòng jié)	노동절	5월 1일
端午节(duān wǔ jié)	단오절	음력 5월 5일
中秋节(zhōng qiū jié)	중추절/추석	음력 8월 15일
国庆节(guó qìng jié)	국경절(건국기념일)	10월 1일

027

nǐ zuì xǐ huan nǎ ge jì jié?

你最喜欢哪个季节?

너 가장 좋아하다 어느 계절

▶ 어느 계절을 가장 좋아해요?

1 **哪个**(nǎ ge) 어느 〈의문대명사〉 / **那个**(nà ge) 저것 〈哪(nǎ)와 那(nà) 발음 구분〉
2 **季节**(jì jié) 계절 / **四季**(sì jì) 사계절
3 **最**(zuì) 가장, 제일 〈뒤에 형용사나 동사가 옴〉

A1　chūn tiān.

春天。 ▶ 봄이요.

봄

┗ 春天(chūn tiān) 봄 ┃ 夏天(xià tiān) 여름 ┃ 秋天(qiū tiān) 가을 ┃ 冬天(dōng tiān) 겨울

A2　wǒ zuì xǐ huan xià tiān.

我最喜欢夏天。 ▶ 여름을 가장 좋아해요.

나 가장 좋아하다 여름

A3　qiū tiān,　　yīn wèi tiān qì hěn liáng shuǎng.

秋天，因为天气很凉爽。

가을 왜냐하면 날씨 아주 상쾌하다

▶ 가을이요. 날씨가 상쾌하니까요.

┗ 1 凉爽(liáng shuǎng) 시원하다, 상쾌하다
2 因为(xià tiān)은 '왜냐하면'이라는 뜻으로 이유를 나타내요. 만약 '滑雪(huá xuě) 스키'를 좋아해서 겨울을 좋아하는 것이라면 "冬天，因为我喜欢滑雪(dōng tiān, yīn wèi wǒ xǐ huan huá xuě)。 겨울이요. 스키를 좋아하거든요."라고 해요

Q28

nǐ zuì tǎo yàn nǎ ge jì jié?

你最讨厌哪个季节?

너 가장 싫어하다 어느 계절

▶ 어느 계절을 가장 싫어해요?

1 **换季时期**(huàn jì shí qī) 환절기 | **忽冷忽热**(hū lěng hū rè) 일교차가 크다
2 **梅雨**(méi yǔ) 장마 | **台风**(tái fēng) 태풍 | **雾霾**(wù mái) 미세먼지

A1

dōng tiān ba.

冬天吧。 ▶ 음… 겨울이요.

겨울 추측

A2

wǒ zuì tǎo yàn chūn tiān.

我最讨厌春天。 ▶ 봄을 가장 싫어해요.

나 가장 싫어하다 봄

A3

xià tiān, yīn wèi tài rè le.

夏天,因为太热了。 ▶ 여름이요. 너무 더워서요.

여름 왜냐하면 너무 덥다

1 [太 + 형용사 + 了] 너무 …하다
2 겨울이 너무 추워서 싫다면 "冬天,因为太冷了(dōng tiān, yīn wèi tài lěng le)。
겨울이요. 추워서 싫어요."라고 하면 돼요. 미세먼지가 있어서 싫으면
"冬天,因为有雾霾(dōng tiān, yīn wèi yǒu wù mái)。 겨울이요. 미세먼지가 싫어서요."라고 해요.

029

shǒu ěr tiān qì zěn me yàng?
首尔天气怎么样?
서울 날씨 어때요?

▶ 서울의 날씨는 어때요?

어떤 나라나 지역의 날씨가 궁금하다면
"나라/도시/지역 + 天气(tiān qì) + 怎么样(zěn me yàng)?" 식으로 질문하면 돼요.

A1

yī yuè hěn lěng.
一月很冷。 ▶ 1월은 추워요.
1 월 아주 춥다

A2

wǔ yuè hěn nuǎn huo.
五月很暖和。 ▶ 5월은 따뜻해요.
5 월 아주 따뜻하다

 暖和(nuǎn huo) 따뜻하다

A3

xià tiān jīng cháng xià yǔ.
夏天经常下雨。 ▶ 여름에는 비가 자주 와요.
여름 자주 내리다 비

 经常(jīng cháng) 자주

030

bĕi jīng tiān qì zĕn me yàng?

北京天气怎么样?

베이징   날씨   어때요?

▶ 베이징의 날씨는 어때요?

베이징은 사계절이 분명하고, 봄가을이 짧고 겨울이 길어요.
여름은 서울보다 무덥지 않고, 가을은 맑고 선선해서 모두들 좋아해요.

A1

sì. wǔ yuè tiān qì hěn hǎo.

四，五月天气很好。 ▶ 4, 5월은 날씨가 좋아요.

4   5   월   날씨   아주 좋다

A2

xià tiān zuì gāo qì wēn sān shí qī dù.

夏天最高气温37度。 ▶ 여름에는 최고 기온이 37도예요.

여름   최고   기온   37   도

최高气温(zuì gāo qì wēn) 최고 기온 ↔ 最低气温(zuì dī qì wēn) 최저 기온

A3

qiū tiān bù lěng yě bú rè.

秋天不冷也不热。 ▶ 가을에 춥지도 덥지도 않아요.

가을   않다   춥다   도   않다   덥다

1 也(yě) …도
2 不(bù)는 뒤에 단어가 1, 2, 3성이 오면 4성으로, 뒤에 4성이 오면 2성으로 발음해요.

031

nǐ shì nǎ nián chū shēng de?

你是哪年出生的? ▶ 몇 년생이에요?
니 이다 어느 연도 태어나다

1 **哪**(nǎ) 어느, 어떤 〈의문대명사〉
2 **哪年**(nǎ nián) 몇 년 ｜ **哪个**(nǎ ge) 어느 것 ｜ **哪儿**(nǎr) 어디
哪边(nǎ biān) 어느 쪽

A1

yī jiǔ qī jiǔ nián.

1979年。 ▶ 1979년이에요.
1979　　년

↳ "**七九年**(qī jiǔ nián)。 79년이에요."라고 답해도 돼요.

A2

wǒ shì èr líng líng sān nián chū shēng de.

我是2003年出生的。 ▶ 저는 2003년생이에요.
나 이다 2003 년 태어나다 것

↳ "**我零三年生的**(wǒ líng sān nián shēng de)。 저는 03년생이에요."라고 해도 돼요.

A3

wǒ shì èr líng líng líng nián chū shēng de.

我是2000年出生的。 ▶ 저는 2000년생이에요.
나 이다 2000 년 태어나다 것

↳ "**我两千年生的**(wǒ liǎng qiān nián shēng de)。 저는 2천년생이에요."라고 해도 돼요.

Q32

nǐ shēng rì shì jǐ yuè jǐ hào?

你生日是几月几号?

너 생일 이다 몇 월 몇 일

▶ 생일이 언제예요?

중국어로 생신이라는 존댓말은 따로 없어요.
생일이나 생신은 둘 다 生日(shēng rì)라고 하면 돼요.

A1

sì yuè èr shí bā hào.

四月二十八号。 ▶ 4월 28일이에요.
4   월   28   일

1 月(yuè) 월 | 号(hào) = 日(rì) 일
2 号(hào)와 日(rì)는 같은 뜻으로, 号(hào)는 구어체로 많이 써요.

A2

wǒ shēng rì shì sì yuè èr shí bā hào.

我生日是四月二十八号。 ▶ 제 생일은 4월 28일이에요.
나 생일 이다 4   월   28   일

A3

wǒ nóng lì shēng rì shì jiǔ yuè shí sān hào.

我农历生日是九月十三号。 ▶ 음력 9월 13일이에요.
나 음력   생일   이다 9   월   13   일

月份(yuè fèn) **월**
一月(yī yuè) 1월 | 二月(èr yuè) 2월 | 三月(sān yuè) 3월 | 四月(sì yuè) 4월
五月(wǔ yuè) 5월 | 六月(liù yuè) 6월 | 七月(qī yuè) 7월 | 八月(bā yuè) 8월
九月(jiǔ yuè) 9월 | 十月(shí yuè) 10월 | 十一月(shí yī yuè) 11월
十二月(shí èr yuè) 12월

033

nǐ shì shén me xuè xíng?

你是什么血型? ▸ 혈액형이 뭐예요?
너 이다 무슨 혈액형

血型(xuè xíng) 혈액형

 A1

A xíng xuè.

A型血。 ▸ A형이요.
A 혈액형

 A型血(A xíng xuè) A형 | B型血(B xíng xuè) B형
O型血(O xíng xuè) O형 | AB型血(AB xíng xuè) AB형

 A2

wǒ shì B xíng xuè.

我是B型血。 ▸ 저는 B형이에요.
나 이다 B 혈액형

 A3

bù zhī dào.

不知道。 ▸ 모르겠어요.
못하다 알다

034

nǐ shǔ shén me shēng xiào?
你属什么生肖？ ▶ 무슨 띠예요?
너 속하다 무슨 띠

1 '띠'라는 뜻의 生肖(shēng xiào)와 같이 쓰는 동사가 属(shǔ)인데, '…에 속하다'라는 뜻이에요. 生肖(shēng xiào)를 생략하고 你属什么(nǐ shǔ shén me)?라고 해도 돼요.
2 답할 때는 '나 – 属(shǔ) – 어떤 띠' 식으로 해요.

A1

wǒ shǔ shǔ.
我属鼠。 ▶ 쥐띠예요.
나 속하다 쥐

---

1 이 문장처럼 3성이 세 개 연속하는 경우는 성조 3-2-3으로 발음해요.
2 鼠(shǔ) 쥐 | 牛(niú) 소 | 虎(hǔ) 범 | 兔(tù) 토끼 | 龙(lóng) 용 | 蛇(shé) 뱀
马(mǎ) 말 | 羊(yáng) 양 | 猴(hóu) 원숭이 | 鸡(jī) 닭 | 狗(gǒu) 개 | 猪(zhū) 돼지

A2

wǒ shǔ shé.
我属蛇。 ▶ 뱀띠예요.
나 속하다 뱀

나도 그렇다고 답할 때는 "我也是(wǒ yě shì)。 저도요."라고 해요.

A3

wǒ shǔ yáng. jīn nián shì wǒ de běn mìng nián.
我属羊，今年是我的本命年。
나 띠 양 올해 이다 나 의 태어난 해의 띠

▶ 양띠예요. 올해 띠가 제 띠예요.

本命年(běn mìng nián) 태어난 해의 띠

035

ní shì shén me xīng zuò?
你是什么星座? ▶ 별자리가 뭐예요?
너 이다 무슨 별자리

星座(xīng zuò) 별자리

A1

shuāng yú zuò.
双鱼座。 ▶ 물고기자리예요.
물고기 자리

A2

wǒ shì jīn niú zuò.　　nǐ ne?
我是金牛座，你呢?
나 이다 황소 자리 너는?

▶ 저는 황소자리인데, 당신은요?

A3

wǒ shì tiān xiē zuò.
我是天蝎座。 ▶ 저는 전갈자리예요.
나 이다 전갈 자리

魔羯座(mó jié zuò) 염소자리 | 水瓶座(shuǐ píng zuò) 물병자리
双鱼座(shuāng yú zuò) 물고기자리 | 白羊座(bái yáng zuò) 양자리
金牛座(jīn niú zuò) 황소자리 | 双子座(shuāng zǐ zuò) 쌍둥이자리
巨蟹座(jù xiè zuò) 게자리 | 狮子座(shī zi zuò) 사자자리
处女座(chù nǚ zuò) 처녀자리 | 天秤座(tiān chèng zuò) 천칭자리
天蝎座(tiān xiē zuò) 전갈자리 | 射手座(shè shǒu zuò) 사수자리

036

nǐ de yōu diǎn shì shén me?

你的优点是什么? ▶ 장점이 뭐예요?
너 의 장점 이다 무엇

优点(yōu diǎn) 장점

A1

lǎo shi.

老实。 ▶ 성실해요.
성실하다

 积极(jī jí) 적극적이다 | 随和(suí hé) 부드럽다 | 干脆(gàn cuì) 시원시원하다
大方(dà fāng) 대범하다 | 正直(zhèng zhí) 정직하다 | 活泼(huó po) 활발하다
善良(shàn liáng) 상냥하다 | 亲切(qīn qiè) 친절하다 | 细心(xì xīn) 자상하다

A2

yǒu zé rèn gǎn.

有责任感。 ▶ 책임감이 있어요.
있다 책임감

 有(yǒu) 있다 | 责任感(zé rèn gǎn) 책임감

A3

péng yǒu dōu shuō wǒ yǒu zé rèn gǎn.

朋友都说我有责任感。
친구 모두 말하다 나 있다 책임감

▶ 친구들에게 책임감이 있다는 소리를 들어요.

朋友(péng yǒu) 친구 | 都(dōu) 모두, 다

037

nǐ de quē diǎn shì shén me?
你的缺点是什么? ▶ 단점이 뭐예요?
너 의 단점 이다 무엇

缺点(quē diǎn) 단점

A1
yōu róu guǎ duàn.
优柔寡断。 ▶ 우유부단해요.
우유부단하다

容易腻烦(róng yì nì fán) 싫증을 잘 내다 ｜ 消极(xiāo jí) 소극적이다 ｜ 挑剔(tiāo ti) 까다롭다
顽固(wán gù) 고집이 세다 ｜ 任性(rèn xìng) 제 마음대로 하다 ｜ 粗心(cū xīn) 부주의하다
胆小(dǎn xiǎo) 겁이 많다 ｜ 小气(xiǎo qi) 인색하다, 마음이 좁다
爱发脾气(ài fā pí qi) 화를 잘 내다

A2
mào mao shī shī.
冒冒失失。 ▶ 덜렁대는 면이 있어요.
덜렁거리다

A3
péng yǒu dōu shuō wǒ shén jīng zhì.
朋友都说我神经质。
친구 모두 말하다 나 신경질적이다

▶ 친구들에게 신경질적이라는 소리를 들어요.

神经质(shén jīng zhì) 신경질적이다

038

nǐ yǒu shén me zhuān cháng?

你有什么专长? ▶ 특기가 뭐예요?
너 있다 무엇 특기

专长(zhuān cháng) 특기

A1

tán gāng qín.

弹钢琴。 ▶ 피아노를 치는 거예요.
치다 피아노

↳ 1 弹(tán) 치다 | 钢琴(gāng qín) 피아노
　2 唱歌(chàng gē) 노래를 부르다 | 跳舞(tiào wǔ) 춤을 추다
　　说英语(shuō yīng yǔ) 영어를 말하다 | 写书法(xiě shū fǎ) 서예를 하다
　　画画儿(huà huàr) 그림을 그리다 | 弹吉他(tán jí tā) 기타를 치다

A2

wǒ huì tán gāng qín.

我会弹钢琴。 ▶ 저는 피아노를 칠 수 있어요.
나 can 치다 피아노

↳ 会(huì) …를 할 수 있다

A3

wǒ huì shuō hàn yǔ.

我会说汉语。 ▶ 중국어를 말할 수 있어요.
나 can 말하다 중국어

↳ 说(shuō) 말하다 | 汉语(hàn yǔ) 중국어

039

ní de lǎo jiā zài nǎr?
你的老家在哪儿? ▶ 고향이 어디예요?
너   의   고향   있다 어디

1. 老家(wǒ jiā) 고향 | 哪儿(nǎr) 어디
2. 哪儿(nǎr)는 지인끼리 우연히 만날 때 "去哪儿(qù nǎr)? 어디 가요?"라고 가볍게
   인사할 때도 써요.

A1
shǒu ěr.
首尔。 ▶ 서울이에요.
서울

A2
wǒ lǎo jiā zài shǒu ěr.
我老家在首尔。 ▶ 제 고향은 서울이에요.
나 고향   있다 서울

↳ 在(zài) …에 있다

A3
hán guó de shǒu dōu,   shǒu ěr.
韩国的首都，首尔。 ▶ 한국의 수도인 서울이에요.
한국   의   수도   서울

↳ 1. 的(de) 의 | 首都(shǒu dōu) 수도

2. 仁川(rén chuān) 인천 | 大田(dà tián) 대전 | 大邱(dà qiū) 대구 | 光州(guāng zhōu) 광주
蔚山(wèi shān) 울산 | 釜山(fǔ shān) 부산 | 全州(quán zhōu) 전주 | 庆州(qìng zhōu) 경주
京畿道(jīng jī dào) 경기도 | 江原道(jiāng yuán dào) 강원도 | 济州岛(jì zhōu dǎo) 제주도
忠清北道(zhōng qīng běi dào) 충청북도 | 忠清南道(zhōng qīng nán dào) 충청남도
全罗北道(quán luó běi dào) 전라북도 | 全罗南道(quán luó nán dào) 전라남도
庆尚北道(qìng shàng běi dào) 경상북도 | 庆尚南道(qìng shàng nán dào) 경상남도

nǐ xiàn zài zhù nǎr?
你现在住哪儿? ▶ 지금 어디에 살아요?
너 현재 살다 어디

现在(xiàn zài) 지금 | **住**(zhù) 살다, 거주하다

A1

zhōng lù.
钟路。 ▶ 종로요.
종로

A2

wǒ zhù zhōng lù.
我住钟路。 ▶ 저는 종로에 살아요.
나 살다 종로

↳ 외국에서 질문을 받은 것이라면 "**我住首尔**(wǒ zhù shǒu ěr)。 서울이에요."라고 답하면 좋겠죠.

A3

wǒ zhù lí dà zhàn fù jìn.
我住梨大站附近。 ▶ 저는 이대역 근처에 살아요.
나 살다 이대 역 근처

↳ 1 梨大站(lí dà zhàn) 이대역 | 附近(fù jìn) 근처, 부근
　 2 지하철역이나 명소 근처로 답해도 좋아요.
　　 景福宫(jǐng fú gōng) 경복궁 | 光化门(guāng huà mén) 광화문 | 市厅(shì tīng) 시청
　　 清溪川(qīng xī chuān) 청계천 | 大学路(dà xué lù) 대학로 | 东大门(dōng dà mén) 동대문
　　 明洞(míng dòng) 명동 | 南大门(nán dà mén) 남대문 | 弘大(hóng dà) 홍대 | 新村(xīn cūn) 신촌
　　 梨泰院(lí tài yuàn) 이태원 | 汝矣岛(rǔ yǐ dǎo) 여의도 | 江南(jiāng nán) 강남

041

nǐ hàn yǔ shuō de tǐng hǎo de.
你汉语说得挺好的。
너　중국어　말하는　정도　매우　좋다

▶ 중국어를 아주 잘하네요.

汉语(hàn yǔ) 중국어 ｜ 说(shuō) 말하다 ｜ 得(de) 정도
挺好的(tǐng hǎo de) 매우 좋다

A1

zhēn de?　xiè xie!
真的? 谢谢! ▶ 그래요? 고마워요!
정말이요　　고마워요

 真的(zhēn de)? 정말이요? 그래요?

A2

hái chà de yuǎn ne.
还差得远呢。 ▶ 아직 멀었어요.
아직 모자라다 정도 멀다 감탄

 还(hái) 아직 ｜ 差(chà) 모자라다 ｜ 远(yuǎn) 멀다

A3

nǎ lǐ,　wǒ shuō de bù hǎo.
哪里, 我说得不好。 ▶ 뭘요. 말을 능숙하게 못해요.
뭘요　　나 말하다 정도 안 좋다

언어

英语(yīng yǔ) 영어	法语(fǎ yǔ) 프랑스어	西班牙语(xī bān yá yǔ) 스페인어
俄语(é yǔ) 러시아어	阿拉伯语(ā lā bó yǔ) 아라비아어	德语(dé yǔ) 독일어
日语(rì yǔ) 일본어	菲律宾语(fēi lǜ bīn yǔ) 필리핀어	越南语(yuè nán yǔ) 베트남어

042

nǐ xué hàn yǔ duō jiǔ le?
你学汉语多久了?

너 배우다 중국어 얼마나 되다

▶ 중국어를 배운 지 얼마나 됐나요?

1 学(xué) 배우다
2 学(xué)는 뒤에 목적어가 와요.

A1

yì nián le.
一年了。 ▶ 1년 됐어요.

1 년 되다

A2

kuài liǎng nián le.
快两年了。 ▶ 거의 2년 됐어요.

거의 2 년 되다

快(kuài) 거의, 금방

A3

wǒ xué hàn yǔ sān nián bàn le.
我学汉语三年半了。 ▶ 중국어를 배운 지 3년 반 됐어요.

나 배우다 중국어 3 년 반 되다

043

wèi shén me xué xí hàn yǔ?

为什么学习汉语?
왜   배우다   중국어

▶ 왜 중국어를 배우나요?

1 **为什么**(wèi shén me) 왜
2 **学习**(xué xí) = **学**(xué) 학습하다, 배우다

A1 gōng zuò xū yào.
工作需要。 ▶ 업무상 필요해요.
일   필요

┗ 工作(gōng zuò) 일, 근무 | 需要(xū yào) 수요, 요구, 필요

A2 gè rén ài hào.
个人爱好。 ▶ 취미로요.
개인   취미

┗ 个人(gè rén) 개인 | 爱好(ài hào) 취미

A3 yīn wèi wǒ xiǎng qù zhōng guó lǚ xíng.
因为我想去中国旅行。 ▶ 중국에 여행을 가고 싶어서요.
왜냐하면 나 …하고 싶다 가다 중국   여행

┗ 1 因为(yīn wèi) 왜냐하면 | 想(xiǎng) …하고 싶다 | 去(qù) 가다 | 旅行(lǚ xíng) 여행
  2 유학을 가고 싶어서 배운다면 '留学(liú xué) 유학'이라는 단어를 넣어
    "因为我想去中国留学(yīn wèi wǒ xiǎng qù zhōng guó liú xué)。 중국에 유학을 가고
    싶어서요."라고 하면 돼요.

044

nǐ shì zěn me xué xí hàn yǔ de?
你是怎么学习汉语的?
너 이다 어떻게 배우다 중국어 것

▶ 중국어를 어떻게 배웠어요?

1 怎么(zěn me) 어떻게
2 怎么(zěn me)는 의문대명사로 방식이나 원인에 대해 물어볼 때 써요.

A1

zài xué xiào xué (xí) de.
在学校学(习)的。 ▶ 학교에서 배웠어요.
에서 학교 배우다 것

⤷ 在(zài) + 장소 + 동작 | 学校(xué xiào) 학교

A2

qù bǔ xí bān xué de.
去补习班学的。 ▶ 학원에 가서 배웠어요.
가다 학원 배우다 것

⤷ 补习班(bǔ xí bān) 학원

A3

wǒ zì xué de.
我自学的。 ▶ 혼자 공부했어요.
나 독학하다 것

⤷ 1 自学(zì xué) 독학하다
2 중국 친구에게 배웠다면 "跟中国朋友学的(gēn zhōng guó péng yǒu xué de)。
중국 친구한테 배웠어요."라고 하면 돼요.

045

hàn yǔ nán ma?
汉语难吗？ ▶ 중국어가 어려워요?
중국어 어렵다 의문

难(nán) 어렵다 ↔ 容易(róng yi) 쉽다

A1

hěn nán.
很难。 ▶ 어려워요.
매우 어렵다

A2

fā yīn yǒu diǎnr nán.
发音有点儿难。 ▶ 발음이 조금 어려워요.
발음 조금 어렵다

 1 发音(fā yīn) 발음 | 有点儿(yǒu diǎnr) 조금
2 汉字(hàn zi) 한자 | 语法(yǔ fǎ) 문법 | 声调(shēng diào) 성조

A3

bù nán.
不难。 ▶ 어렵지 않아요.
않다 어렵다

 반대로 '不容易(bù róng yì) 쉽지 않다'를 써서 "不容易(bù róng yì)。 쉽지 않아요."라고
어렵다는 표현을 할 수도 있어요.

046

nǐ qù guò zhōng guó ma?

你去过中国吗?
너 가다 적 중국 의문

▶ 중국에 가본 적 있어요?

去(qù) 가다 | …过(guò) …한 적이 있다 | 中国(zhōng guó) 중국

A1

qù guò yí cì.

去过一次。 ▶ 한 번 가봤어요.
가다 적 한 번

↳ 次(cì) 번

A2

méi qù guò.

没去过。 ▶ 가본 적이 없어요.
없다 가다 적

↳ 没(méi) …에 이르지 못하다. 없다

A3

hái méi, dǎ suàn míng nián qù.

还没, 打算明年去。 ▶ 아직이요. 내년에 갈 생각이에요.
아직 계획하다 내년 가다

↳ 还没(hái méi) 아직 | 打算(dǎ suàn) 계획하다, …할 생각이다

국가

英国(yīng guó) 영국	**法国**(fǎ guó) 프랑스	**德国**(dé guó) 독일
西班牙(xī bān yá) 스페인	**阿拉伯**(ā lā bó) 이랍	**俄国**(é guó) 러시아
日本(rì běn) 일본	**菲律宾**(fēi lǜ bīn) 필리핀	**澳洲**(ào zhōu) 호주
美国(měi guó) 미국	**加拿大**(jiā ná dà) 캐나다	**新西兰**(xīn xī lán) 뉴질랜드

047

nǐ hé zhōng guó rén shuō guò huà ma?

你和中国人说过话吗?
너 와 중국인 말한 적 의문

▶ 중국인과 이야기한 적 있어요?

说话(shuō huà) 말을 하다 ┃ 说过话(shuō guò huà) 말한 적 있다

A1

yǒu guò jǐ cì.

有过几次。 ▶ 몇 번 있어요.
있다 적 몇 번

⤷ 有(yǒu) 있다

A2

zhǐ yǒu yí cì.

只有一次。 ▶ 딱 한 번이요.
만 있다 한 번

⤷ 只有(zhǐ yǒu) …만 있다, …밖에 없다

A3

wǒ méi hé zhōng guó rén shuō guò huà.

我没和中国人说过话。
나 없다 와 중국인 말한 적

▶ 중국인과 말해 본 적이 없어요.

⤷ 한 번도 없다는 표현은 "一次都没有(yí cì dōu méi yǒu)。 한 번도 없어요."라고 해요.

048

zěn yàng cái néng xué hǎo hàn yǔ?

怎样才能学好汉语?

어떻게 해야 할 수 있다 배우다 잘 중국어

▶ 어떻게 하면 중국어를 잘할 수 있을까요?

才能(cáinéng) …해야 비로소 …할 수 있다 | 学(xué) 배우다 | 好(hǎo) 잘

  A1

měi tiān liàn xí.

每天练习。 ▶ 매일 연습해요.

매일　　연습하다

练习(liàn xí) 연습하다 | 预习(yù xí) 예습하다 | 复习(fù xí) 복습하다

  A2

duō hé zhōng guó péng yǒu lái wǎng.

多和中国朋友来往。 ▶ 중국 친구들과 많이 만나요.

자주　와　중국　친구　왕래하다

多(duō) 자주 | 来往(lái wǎng) 왕래하다, 만나다

  A3

duō tīng guǎng bō.

多听广播。 ▶ 라디오를 자주 들어요.

자주 듣다 라디오

听(duō) 듣다 | 广播(guǎng bō) 라디오

049

nǐ hái huì shuō shén me yǔ yán?

你还会说什么语言?

너 더 can 말하다 어떤 언어

▶ 또 말할 수 있는 언어가 있어요?

还(hái)는 자주 사용하는 부사로 세 가지 뜻이 있어요.
(1) 아직 〈부정문〉 (2) 또, 더, 게다가 (3) 더, 더욱 〈비교할 때〉

A1

yīng yǔ.
英语。 ▶ 영어요.
영어

A2

wǒ huì shuō yì diǎnr rì yǔ.
我会说一点儿日语。 ▶ 일본어를 조금 할 줄 알아요.
나 can 말하다 조금 일본어

↳ **会(huì)** …할 줄 알다 | **一点儿(yì diǎnr)** 조금

A3

wǒ hái huì fǎ yǔ hé é yǔ.
我还会法语和俄语。 ▶ 프랑스어와 러시아어도 할 줄 알아요.
나 더 can 프랑스어 와 러시아어

↳ **法语(fǎ yǔ)** 프랑스어 | **俄语(é yǔ)** 러시아어

Q50

yīng yǔ hé hàn yǔ nǎ ge nán?

英语和汉语哪个难?
영어 　 와 　 중국어 　 어느 · 것 　 어렵다

▶ 영어와 중국어 중에 어느 쪽이 어려워요?

1 哪个(nǎ ge) 어느
2 哪个(nǎ ge)는 의문대명사로 사물을 비교하거나 선택하는 경우에 써요.

A1

dōu hěn nán.

都很难。▶ 둘 다 어려워요.
둘 다 매우 어렵다

1 都(dōu) 둘 다
2 비슷하다고 말하고 싶을 때는 "差不多(chà bu duō)。비슷해요."라고 해요.

A2

yīng yǔ gèng nán.

英语更难。▶ 영어가 더 어려워요.
영어　　훨씬 어렵다

更(gèng) 더, 훨씬

A3

hàn yǔ bǐ yīng yǔ nán.

汉语比英语难。▶ 중국어가 영어보다 어려워요.
중국어　　보다 영어　　어렵다

Q051

nǐ jiā yǒu jǐ kǒu rén?

你家有几口人? ▶ 가족은 몇 명인가요?

너(의) 집 있다 몇 입(명) 사람

1 口(kǒu) 입
2 口(kǒu)는 옛날에 '한 사람이 밥을 먹는 입 하나와 같다'고 해서 생겨난 말이에요.

A1

wǒ jiā yǒu sān kǒu rén.

我家有三口人。 ▶ 3인 가족이에요.

우리 집 있다 3 입 사람

↳ 我家(wǒ jiā) 저희 집, 우리 집 | 有(yǒu) 있다

A2

wǒ jiā yǒu sān kǒu rén : bà ba, mā ma hé wǒ.

我家有三口人: 爸爸, 妈妈和我。

우리 집 있다 3 입 사람 아빠 엄마 와 나

▶ 3인 가족으로 아빠와 엄마와 저예요.

A3

qī zi, hái zi hé wǒ, yí gòng sān kǒu rén.

妻子, 孩子和我, 一共三口人。

아내 아이 와 나 모두 3 입 사람

▶ 아내와 아이 그리고 저, 모두 3명이에요.

↳ 妻子(qī zi) 아내 | 孩子(hái zi) 아이 | 一共(yí gòng) 모두

052

nǐ yǒu xiōng dì jiě mèi ma?

你有兄弟姐妹吗？ ▶ 형제자매가 있어요?

너 있다 형제 자매 의문

1. **兄弟姐妹**(xiōng dì jiě mèi) 형제자매
2. **吗**(ma)가 있는 질문에는 보통 yes/no로 답하고 생략이 가능해요. 반면 **吗**(ma)가 없는 질문에는 yes/no로 답하지 않는다는 점도 알아 두세요.

A1

méi yǒu, wǒ shì dú shēng zǐ.

没有，我是独生子。 ▶ 없어요. 외동이에요.

없다 나 이다 외동아들

↳ 独生子(dú shēng zǐ) 외동아들 ↔ 独生女(dú shēng nǚ) 외동딸

A2

yǒu, yí ge gē ge hé yí ge dì di.

有，一个哥哥和一个弟弟。

있다 한 명 오빠 와 한 명 남동생

▶ 있어요. 오빠(형) 한 명과 남동생 한 명이에요.

↳ 哥哥(gē ge) 오빠, 형 | 弟弟(dì di) 남동생
姐姐(jiě jie) 언니, 누나 | 妹妹(mèi mei) 여동생

A3

wǒ yǒu yí ge shuāng bāo tāi mèi mei.

我有一个双胞胎妹妹。 ▶ 쌍둥이 여동생이 있어요.

나 있다 한 명 쌍둥이 여동생

↳ 双胞胎(shuāng bāo tāi) 쌍둥이 | 龙凤胎(lóng fèng tāi) 남녀 쌍둥이
三胞胎(sān bāo tāi) 삼둥이

053

nǐ jiā lǐ pái háng lǎo jǐ?
你家里排行老几?
네(의) 집 안 서열 몇째

▶ 형제자매 중에 몇째예요?

排行(pái háng) 서열 | 老几(lǎo jǐ) 몇째

A1

lǎo dà.
老大。 ▶ 첫째예요.
첫째

↳ 老大(lǎo dà) 첫째 | 老二(lǎo èr) 둘째 | 老三(lǎo sān) 셋째

A2

wǒ pái háng lǎo dà.
我排行老大。 ▶ 저는 형제 중 첫째예요.
나 서열 첫째

A3

yǒu liǎng ge jiě jie, wǒ shì jiā lǐ de lǎo xiǎo.
有两个姐姐, 我是家里的老小。
있다 두 명 언니 나 이다 집 안 의 막내

▶ 언니(누나)가 두 명 있어요. 전 집에서 막내예요.

↳ 老小(lǎo xiǎo) 막내

054

ní hé gē ge xiāng chà jǐ suì?

你和哥哥相差几岁?
너 와 오빠/형 차이나다 몇 살

▶ 오빠(형)와 몇 살 차이 나요?

姐姐(jiě jie) 언니(누나) │ **弟弟**(di di) 남동생 │ **妹妹**(mèi mei) 여동생
相差(xiāng chà) 서로 차이가 나다

A1　liǎng suì.
两岁。 ▶ 두 살이요.
　두　 살

A2　wǒ hé gē gē xiāng chà liǎng suì.
我和哥哥相差两岁。 ▶ 오빠(형)와 두 살 차이가 나요.
　나　와　오빠/형　차이나다　두　살

A3　wǒ gē ge dà wǒ liǎng suì.
我哥哥大我两岁。 ▶ 오빠(형)는 나보다 두 살 많아요.
　나　오빠/형　크다 나　두　살

나이를 말할 때 **大**(dà)는 '크다'라는 뜻이 아니라 '(…보다) ○○살 많다'라는 표현이에요.
반대로 나보다 ○○살 적다고 말하려면 **大**(dà) 대신 **小**(xiǎo)를 쓰면 돼요.
예를 들어 "**他小我两岁**(tā xiǎo wǒ liǎng suì)。 그는 나보다 두 살 적어요."라고요.

055

 gē ge jié hūn le ma?
哥哥结婚了吗?
오빠/형　　결혼하다　　완료　의문
▶ 오빠(형)는 결혼하셨어요?

姐姐(jiě jie) 언니(누나) | **结婚**(jié hūn) 결혼

A1

jié le.
结了。 ▶ 했어요.
결혼했다

↳ 结婚了(jié hūn le)와 같은 말이에요.

A2

hái méi.
还没。 ▶ 아직이요.
아직 못했다

A3

Jīn nián liù yuè yào jié.
今年六月要结。 ▶ 올해 6월에 결혼할 거예요.
올해　 6　월　will　결혼

↳ 1 要(yào) …할 것이다, …하려 하다
　 2 축하한다는 대답은 "恭喜(gōng xǐ)! 축하해요!"라고 해요.

nǐ zhǎng de xiàng bà ba hái shì mā ma?
你长得像爸爸还是妈妈?
너 닮았다 아빠 뜨는 엄마

▶ 부모님 중 누구를 닮았어요?

1 长得像(zhǎng de xiàng) …를 닮았다
2 접속사 还是(hái shi)와 或是(huò shi)는 둘 중에 하나를 선택할 때 써요.
还是(hái shi)는 의문문에, 或是(huò shi)는 서술문에 쓴다는 점만 달라요.

A1

dōu bú xiàng.
都不像。 ▶ 둘 다 안 닮았어요.
모두 닮지 않았다

┗ 都(dōu) 모두, 다 | 不像(bú xiàng) 안 닮다, 다르다

A2

dà jiā dōu shuō xiàng bà ba.
大家都说像爸爸。 ▶ 다들 아빠를 닮았다고 해요.
다들 모두 말하다 닮다 아빠

┗ 大家(dà jiā) 다들 | 说(shuō) 말하다 | 像(xiàng) 닮다, 비슷하다

A3

wǒ wǔ guān xiàng mā ma. gè zi xiàng bà ba.
我五官像妈妈,个子像爸爸。
나 얼굴 닮다 엄마 키 닮다 아빠

▶ 얼굴은 엄마를 닮았는데, 키는 아빠를 닮았어요.

┗ 五官(wǔ guān) 오관, 얼굴 | 个子(gè zi) 키

057

nǐ hé fù mǔ de guān xi zěn yàng?
你和父母的关系怎样?
너 와 부모 와 의 관계 어때요?

▶ 부모님과의 관계가 어때요?

1 **父母**(fù mǔ) 부모 | **关系**(guān xi) 사람과 사람 사이의 관계
2 **父母**(fù mǔ)는 같은 말인 **爸妈**(bà mā)보다 좀 더 격식을 갖춘 말이에요.
3 **怎样**(zěn yàng)은 **怎么样**(zěn me yàng)과 같은 말이에요.

A1
hái bú cuò.
还不错。 ▶ 괜찮아요.
그런대로 나쁘지 않다

A2
guān xi tǐng hǎo de.
关系挺好的。 ▶ 관계가 좋아요.
관계   매우 좋다

A3
guān xi bù hǎo.
关系不好。 ▶ 관계가 좋지 않아요.
관계   좋지 않다

좋았다 나빴다 한다고 말하고 싶을 때는 "时好时坏(shí hǎo shí huài)。 좋았다 나빴다
해요."라고 해요.

ní jiā qīn qi duō ma?
你家亲戚多吗? ▶ 친척이 많아요?
네(의) 집 친척 많다 의문

家(jiā) 집 | **亲戚**(qīn qi) 친척 | **多**(duō) 많다

A1
bù duō.
不多。 ▶ 많지 않아요.
많지 않다

A2
bù shǎo, wǒ mā ma yǒu wǔ ge xiōng dì jiě mèi.
不少，我妈妈有五个兄弟姐妹。
적지 않다 나 엄마 있다 다섯 명 형제 자매

▶ 적지는 않아요. 어머니 형제자매가 다섯 분 계세요.

A3
tǐng duō de, wǒ yǒu sān ge yí mā hé liǎng ge jiù jiu.
挺多的，我有三个姨妈和两个舅舅。
매우 많다 나 있다 세 명 이모 와 두 명 외삼촌

▶ 많아요. 전 이모 세 분과 외삼촌 두 분이 계세요.

가족

爷爷(yé ye) 할아버지	奶奶(nǎi nai) 할머니	外公(wài gōng) 외할아버지	外婆(wài pó) 외할머니
姑妈(gū mā) 고모	姑父(gū fu) 고모부	伯父(bó fù) 큰아버지	伯母(bó mǔ) 큰어머니
叔叔(shū shu) 삼촌, 작은아버지		婶婶(shěn shen) 숙모, 작은어머니	
姨妈(yí mā) 이모	姨父(yí fu) 이모부	舅舅(jiù jiu) 외삼촌	舅妈(jiù mā) 외숙모
堂兄弟姐妹(táng xiōng dì jiě mèi) 사촌		表兄弟姐妹(biǎo xiōng dì jiě mèi) 외사촌	

nǐ hé qīn qi jīng cháng jiàn miàn ma?

你和亲戚经常见面吗?

너 외 친척 자주 만나다 의문

▶ 친척들과 자주 만나요?

1 见面(jiàn miàn) 만나다
2 见(jiàn) 보다 + 面(miàn) 얼굴

A1 bù cháng.

不常。 ▶ 자주 못 만나요.

아니다 자주

⤷ 不常(bù cháng) 자주 발생하지 않다

A2 ǒu ěr.

偶尔。 ▶ 가끔이요.

가끔

⤷ 偶尔(ǒu ěr) 가끔, 때때로

A3 zhǐ yǒu chūn jié shí jiàn miàn.

只有春节时见面。 ▶ 춘절 때만 봐요.

오직 춘절 때 만나다

⤷ 사촌 자매와 자주 만난다면 '堂姐妹(táng jiě mèi) 사촌 자매'를 넣어
"我和堂姐妹经常见面(wǒ hé táng jiě mèi jīng cháng jiàn miàn)。 사촌 자매와 자주
만나요."라고 해요.

Q 060

nǐ jiā rén xìng gé zěn me yàng?
你家人性格怎么样?
나(의) 가족 성격 어때요?

▶ 가족들 성격이 어때요?

性格(xìng gé) 성격

A1

wǒ mā ma tǐng yǒu nài xīn de.
我妈妈挺有耐心的。 ▶ 어머니는 인내심이 많으세요.
나 엄마 매우 있다 인내심

A2

wǒ bà ba shì jí xìng zi.
我爸爸是急性子。 ▶ 아버지는 성격이 급하세요.
나 아빠 이다 급한 성격

急性子(jí xìng zi) 급한 성격 ↔ 慢性子(màn xìng zi) 느긋한 성격

A3

wǒ gē ge xìng gé wēn hé.
我哥哥性格温和。 ▶ 오빠(형)는 성격이 부드러워요.
나 오빠/형 성격 온화하다

1 温和(wēn hé) 온화하다, 부드럽다
2 여동생의 성격이 대범하다면 '大方(dà fāng) 대범하다, 인색하지 않다'를 넣어
"我妹妹很大方(wǒ mèi mei hěn dà fāng)。여동생은 성격이 대범해요."라고 해요.

Q061

nǐ měi tiān zěn me shàng bān (shàng xué)?

你每天怎么上班(上学)?
너 매일 어떻게 출근하다 학교에 가다

▶ 매일 어떻게 출근해요(학교에 가요)?

上班(shàng bān) 출근하다 │ 上学(shàng xué) 학교에 가다

---

dā dì tiě.
搭地铁。 ▶ 지하철로 다녀요.
타다 지하철

↳ 地铁(dì tiě) 지하철 │ 公交车(gōng jiāo chē) 버스

---

qí zì xíng chē.
骑自行车。 ▶ 자전거로 다녀요.
타다 자전거

↳ 骑(qí) (자전거, 스쿠터, 말 등을) 타다 │ 自行车(zì xíng chē) 자전거

---

kāi chē.
开车。 ▶ 차를 운전해서요.
운전하다 차

↳ 1 开(kāi)는 '열다, 켜다' 또는 '운전하다'라는 뜻으로도 써요.
　2 걸어서 다닐 때는 "走路(zǒu lù)。 걸어서요."라고 해요.

062

nǐ huì kāi chē ma?

你会开车吗？ ▶ 차를 운전할 줄 알아요?

너 can 운전하다 차 의문

你会骑自行车吗(nǐ huì qí zì xíng chē ma)? 자전거를 탈 줄 알아요?

A1

huì.

会。 ▶ 할 줄 알아요.

can

A2

bú huì.

不会。 ▶ 할 줄 몰라요.

can't

A3

huì, dàn bù cháng kāi.

会，但不常开。 ▶ 할 줄 알지만, 자주 안 해요.

can 그러나 안 자주 운전하다

↳ 자전거라면 "会, 但不常骑(huì, dàn bù cháng qí)。탈 줄 알지만, 자주 안 타요."라고 해요

Q063

nǐ shì yè māo zi ma?
你是夜猫子吗? ▶ 야행성이에요?
너 이다 올빼미 의문

夜猫子(yè māo zi) 올빼미. 밤에 활동하기 좋아하는 사람을 비유적으로 이르는 말이에요.

A1

shì. duì.
是。 / 对。 ▶ 네.
네 맞다

A2

shì, wǒ jīng cháng wǎn shuì.
是，我经常晚睡。 ▶ 네. 자주 늦게 자요.
네 나 자주 늦다 자다

晚睡(wǎn shuì) 늦게 자다

A3

bú shì, wǒ zǒng shì zǎo shuì zǎo qǐ.
不是，我总是早睡早起。
아니다 나 늘 일찍 자다 일찍 일어나다

▶ 아뇨. 항상 일찍 자고 일찍 일어나요.

总是(zǒng shì) 늘, 항상 | 早睡早起(zǎo shuì zǎo qǐ) 일찍 자고 일찍 일어나다

nǐ shì zuǒ piě zi ma?
你是左撇子吗? ▶ 왼손잡이예요?
너 이다 왼손잡이 의문

1 左(zuǒ) 왼쪽, 좌 ↔ 右(yòu) 오른쪽, 우
2 左撇子(zuǒ piě zi) 왼손잡이

A1
shì. duì.
是。 / 对。 ▶ 네.
네 맞다

A2
méi cuò, wǒ shì zuǒ piě zi.
没错， 我是左撇子。 ▶ 맞아요. 왼손잡이예요.
맞다 나 이다 왼손잡이

A3
bù, wǒ shì yòu piě zi.
不， 我是右撇子。 ▶ 아뇨. 오른손잡이예요.
아니다 나 이다 오른손잡이

↳ 右撇子(yòu piě zi) 오른손잡이

065

xià bān (fàng xué) hòu nǐ yì bān zuò shén me?

下班(放学)后你一般做什么?

퇴근하다 　 방과 　 후 　 너 　 일반 　 하다 뭐

▶ 퇴근(방과) 후 보통 뭐 해요?

下班(xià bān) 퇴근 | **放学**(fàng xué) 방과 | **后**(hòu) 후
一般(yì bān) 일반 | **做**(zuò) 하다

A1　kàn diàn shì.

看电视。 ▶ TV를 봐요.

보다　TV

↳ 看(kàn) 보다 | 电视(diàn shì) TV

A2　chī líng shí.

吃零食。 ▶ 간식을 먹어요.

먹다　간식

↳ 吃(chī) 먹다 | 零食(líng shí) 간식

A3　wǒ yì bān xiān xǐ zǎo.

我一般先洗澡。 ▶ 보통은 샤워부터 먼저 해요.

나　일반　먼저　샤워하다

↳ 先(xiān) 먼저 | 洗澡(xǐ zǎo) 샤워하다, 목욕하다

066

nǐ yǒu yùn dòng de xí guàn ma?

你有运动的习惯吗?

너 있다 운동하다 의 습관 의문

▶ 운동하는 습관이 들어 있나요?

1 **习惯**(xí guàn) 습관, 버릇
2 규칙적으로 운동하는지 묻고 싶을 때 이렇게 **习惯**(xí guàn)을 써서 질문해요.
习惯(xí guàn)은 동사로도 쓰이는데 여기서는 명사로 쓰였어요.

A1

méi yǒu.

没有。 ▶ 없어요.

없다

A2

yǒu, wǒ měi tiān màn pǎo.

有，我每天慢跑。 ▶ 있어요. 매일 조깅해요.

있다 나 매일 조깅하다

1 每天(měi tiān) 매일 ｜ 慢跑(màn pǎo) 조깅하다
2 慢(màn) 느리다 ｜ 跑(pǎo) 뛰다

A3

yǒu, wǒ měi zhōu dōu qù yóu yǒng.

有，我每周都去游泳。 ▶ 있어요. 매주 수영하러 가요.

있다 나 매주 다 가다 수영하다

每周(měi zhōu) 매주 ｜ 游泳(yóu yǒng) 수영하다

067

nǐ xí guàn zǎo shang xǐ zǎo hái shì wǎn shang xǐ zǎo?
你习惯早上洗澡还是晚上洗澡?

너 습관 아침 샤워하다 이니면 저녁 샤워하다

▶ 샤워는 아침에 하는 편이에요, 저녁에 하는 편이에요?

1 习惯(xí guàn) 습관, 습성, 습관이 되다, …하는 편이다
2 习惯(xí guàn)이 여기서는 동사로 쓰여 오랜 습관을 나타내요.

A1

wǎn shang.
晚上。 ▶ 저녁이요.

저녁/밤

A2

wǒ xí guàn zǎo shang xǐ zǎo.
我习惯早上洗澡。 ▶ 아침에 샤워하는 편이에요.

나 습관 아침 샤워하다

A3

bù yí dìng.
不一定。 ▶ 일정하지 않아요.

아니다 일정하다

068

nǐ yì bān yòng shǒu jī lái zuò shén me?

你一般用手机来做什么?

너 일반 으로 휴대전화 목적 하다 뭐

▶ 휴대전화로 주로 뭘 해요?

1 手机(shǒu jī) 휴대전화 | 智能手机(zhì néng shǒu jī) 스마트폰
2 手机(shǒu jī)는 智能手机(zhì néng shǒu jī)의 줄임말이에요.
3 用(yòng) + 명사 + 来(lái) + 동사 = …으로 …을(를) 하다

A1

wán yóu xì.

玩游戏。 ▶ 게임을 해요.

놀다 게임

游戏(yóu xì) 놀이, 전자 게임

A2

kàn shì pín, huò zhě tīng yīn yuè.

看视频，或者听音乐。 ▶ 동영상을 보거나 음악을 들어요.

보다 동영상 또는 듣다 음악

视频(shì pín) 동영상 | 或者(huò zhě) 또는 | 听(tīng) 듣다 | 音乐(yīn yuè) 음악

A3

yòng wēi xìn hé péng yǒu liáo tiān.

用微信和朋友聊天。 ▶ WeChat으로 친구와 채팅해요.

으로 WeChat 와 친구 채팅하다

聊天(liáo tiān) 채팅 | 微信(wēi xìn) WeChat 〈카카오톡과 비슷〉
微博(wēi bó) 마이크로 블로그 〈트위터와 비슷〉

069

ní jīng cháng shàng wǎng ma?
你经常上网吗? ▶ 인터넷은 자주 해요?
너 자주 인터넷을 하다 의문

经常(jīng cháng) 자주 | **上网**(shàng wǎng) 인터넷을 하다

A1
shì, wǒ jīng cháng shàng wǎng.
是，我经常上网。 ▶ 네, 인터넷을 자주 해요.
네 나 자주 인터넷을 하다

A2
bù, wǒ ǒu ěr shàng wǎng.
不，我偶尔上网。 ▶ 아니요, 가끔 해요.
아니다 나 가끔 인터넷을 하다

偶尔(ǒu ěr) 가끔, 어쩌다가

A3
bù, wǒ hěn shǎo shàng wǎng.
不，我很少上网。 ▶ 아니요, 자주 안 해요.
아니다 나 좀처럼 인터넷을 하다

很少(hěn shǎo)는 형용사로 쓰일 때는 '아주 적다', 부사로 쓰일 때는 '드물게, 좀처럼'이라는 뜻이에요.

nǐ chōu yān ma?
你抽烟吗? ▶ 담배 피워요?
너 피우다 담배 의문

抽(chōu) 피우다 | 烟(yān) 담배

A1

wǒ bù chōu yān.
我不抽烟。 ▶ 담배 안 피워요.
나 안 피우다 담배

A2

ǒu ěr chōu.
偶尔抽。 ▶ 어쩌다가 피워요.
어쩌다가 피우다

A3

hěn shǎo chōu.
很少抽。 ▶ 잘 안 피워요.
좀처럼 피우다

Q71

tā gè zi gāo ma?

他个子高吗? ▶ 그는 키가 커요?

그 키   크다 의문

1 个子(gè zi) 키
2 高(gāo) (키가) 크다, 높다 → 高个子(gāo gè zi) 키가 큰 사람

A1 shì,   tā gè zi gāo.

是, 他个子高。 ▶ 네, 키가 커요.

네   그 키   크다

A2 bù,   tā gè zi ǎi.

不, 他个子矮。 ▶ 아뇨, 키가 작아요.

아니다 그 키   작다

↳ 矮(ǎi) (키가) 작다, 낮다 → 矮个子(ǎi gè zi) 키가 작은 사람

A3 tā gè zi bù gāo yě bù ǎi.

他个子不高也不矮。 ▶ 그는 키가 크지도 작지도 않아요.

그 키   안 크다 도 안 작다

↳ 也(yě) …도

072

tā yǎn jing dà ma?
他眼睛大吗? ▶ 그는 눈이 커요?
그 눈   크다 의문

眼睛(yǎn jing) 눈 | 大(dà) 크다

A1
shì, tā yǎn jing dà.
是，他眼睛大。 ▶ 네, 눈이 커요.
네   그 눈   크다

A2
bù, tā yǎn jing xiǎo xiǎo de.
不，他眼睛小小的。 ▶ 아뇨, 눈이 작아요.
아니다 그 눈   작다   조사

⤷ 小(xiǎo) 작다 → 小小的(xiǎo xiǎo de) 자잘하다

A3
tā yǎn jing bú dà yě bù xiǎo.
他眼睛不大也不小。 ▶ 그는 눈이 크지도 작지도 않아요.
그 눈   안 크다 도 안 작다

얼굴

| 头(tóu) 머리 | 脸(liǎn) 얼굴 | 额头(é tóu) 이마 | 脸颊(liǎn jiá) 볼 | 鼻子(bí zi) 코 |
| 嘴巴(zuǐ ba) 입 | 耳朵(ěr duo) 귀 | 眉毛(méi mao) 눈썹 | 牙齿(yá chǐ) 이 | 痦子(wù zi) 점 |

073

tā tóu fa cháng ma?

她头发长吗? ▶ 그녀는 머리가 길어요?
그녀 머리카락 길다 의문

头发(tóu fa) 머리카락 | **长**(cháng) 길다

A1

tā tóu fa hěn cháng.

她头发很长。 ▶ 그녀는 머리가 길어요.
그녀 머리카락 아주 길다

A2

bù, tā shì duǎn fà.

不，她是短发。 ▶ 아뇨, 그녀는 짧은 머리예요.
아니다 그녀 이다 짧다 머리카락

短(duǎn) 짧다

A3

tā shì zhōng cháng fà.

她是中长发。 ▶ 그녀는 중간 머리예요.
그녀 이다 중간 길다 머리카락

中长发(zhōng cháng fà) 중간 머리 | **直发**(zhí fà) 생머리 | **卷发**(juǎn fà) 곱슬머리

'**长**(cháng) 길다 / **短**(duǎn) 짧다'로 표현할 수 있는 신체 어휘			
手(shǒu) 손	**手指头**(shǒu zhǐ tou) 손가락	**胳膊**(gē bo) 팔	**腿**(tuǐ) 다리

074

tā (tā) zhǎng shén me yàng?
他(她)长什么样?
그 그녀 생기다 뭐 모습

▶ 그(그녀)는 어떻게 생겼나요?

1 **长**(zhǎng) 생기다, 자라다 〈동사〉
2 **长**(cháng) 길다 〈형용사〉

A1
tā zhǎng de yòu gāo yòu shòu.
他长得又高又瘦。 ▶ 그는 키가 크고 말랐어요.
그 생기다 조사 또한 크다 또한 날씬하다

┗ 瘦(shòu) 날씬하다, 마르다 | 胖(pàng) 뚱뚱하다 | 壮(zhuàng) 강건하다

A2
tā de liǎn hěn xiǎo, bí zi hěn dà.
他的脸很小，鼻子很大。 ▶ 그는 얼굴은 작은데 코가 커요.
그 의 얼굴 아주 작다 코 아주 크다

┗ 脸(liǎn) 얼굴 | 鼻子(bí zi) 코

A3
tā zhǎng de bù gāo, tóu fa hěn cháng.
她长得不高，头发很长。
그녀 생기다 조사 안 크다 머리카락 아주 길다

▶ 그녀는 키가 크지 않고, 머리가 길어요.

075

nǐ jīn tiān qì sè bú tài hǎo.
你今天气色不太好。
너 　 오늘 　 기색 　 별로 　 좋다

▶ 오늘 안색이 별로 안 좋아 보이네요.

1 **气色**(qì sè)는 '안색, 기색'으로, 보통 사람의 건강 상태를 나타내요.
2 **气色不好**(qì sè bù hǎo) 안색이 안 좋다
3 **气色很好**(qì sè hěn hǎo) 안색이 좋다

A1

shì ma?
是吗? ▶ 그래요?
맞다 의문

A2

shì a, wǒ yǒu diǎnr lèi.
是啊，我有点儿累。 ▶ 맞아요. 좀 피곤해요.
맞다 감탄 　 나 　 조금 　 피곤하다

↳ **有点儿**(yǒu diǎnr) 약간, 조금 | **累**(lèi) 피곤하다

A3

wǒ zuó wǎn méi shuì hǎo.
我昨晚没睡好。 ▶ 어젯밤에 잠을 잘 못 잤어요.
나 　 어제 　 밤 　 못 자다 잘

↳ **昨晚**(zuó wǎn) 어젯밤 | **没睡好**(méi shuì hǎo) 잠을 잘 못 자다

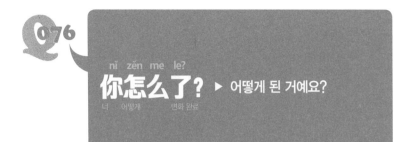

076

nǐ zěn me le?
你怎么了? ▶ 어떻게 된 거예요?
너　어떻게　　변화 완료

A1

méi shén me.
没什么。 ▶ 별일 아니에요.
없다 뭐

A2

wǒ hún shēn suān téng.
我浑身酸疼。 ▶ 몸살이 났어요.
나　온몸　쑤시다 아프다

┗▶ 浑身(hún shēn) 온몸 ｜ 酸疼(suān téng) 쑤시고 아프다

A3

wǒ hǎo xiàng gǎn mào le.
我好像感冒了。 ▶ 감기에 걸린 것 같아요.
나　…것 같다 감기　변화 완료

┗▶ 感冒(gǎn mào) 감기, 감기에 걸리다

你哪儿不舒服? ▶ 어디 아파요?
nǐ ·nǎr bù shū fu?
너 어디 안 편안하다

不舒服(bù shū fu) 불편하다, 아프다

A1
wǒ dù zi téng.
我肚子疼。 ▶ 배가 아파요.
나 배 아프다

肚子疼(wǒ dù zi téng) 복통, 배가 아프다 | 嗓子疼(sǎng zi téng) 인후통, 목이 아프다
头疼(tóu téng) 두통, 머리가 아프다 | 脚疼(jiǎo téng) 발이 아프다
眼睛疼(yǎn jing téng) 눈이 아프다 | 牙疼(yá téng) 치통, 이가 아프다
肩膀酸疼(jiān bǎng suān téng) 어깨가 쑤시다

A2
wǒ tóu yǒu diǎnr yūn.
我头有点儿晕。 ▶ 좀 어지러워요.
나 머리 조금 어지럽다

晕(yūn) 어지럽다

A3
wǒ tóu téng de lì hai.
我头疼得厉害。 ▶ 머리가 너무 아파요.
나 머리 아프다 조사 심각하다

厉害(lì hai) 무섭다, 대단하다, 심각하다

078

nǐ fā shāo le ma?
你发烧了吗? ▶ 열이 났어요?
너 열이 나다 변화 완료 의문

发烧(fā shāo) 열이 나다

A1

wǒ fā shāo le.
我发烧了。 ▶ 열이 났어요.
나 열이 나다 변화 완료

A2

wǒ fā shāo le, sān shí bā dù bàn.
我发烧了，38度半。 ▶ 열이 났는데, 38.5도예요.
나 열이 나다 변화 완료 38 도 반

⤷ 度(dù) 도

A3

wǒ fā shāo le, hái liú bí tì.
我发烧了，还流鼻涕。 ▶ 열이 나고 콧물도 나왔어요.
나 열이 나다 변화 완료 게다가 흐르다 콧물

⤷ 流鼻涕(liú bí tì) 콧물이 나오다 ┃ 咳嗽(ké sòu) 기침하다 ┃ 打喷嚏(dǎ pēn tì) 재채기하다

qù kàn yī shēng le ma?

去看医生了吗? ▸ 병원에 가봤어요?

가다 보다 의사 변화 완료 의문

去(qù) 가다 ┃ 看(kàn) 보다 ┃ 医生(yī shēng) 의사

A1

hái méi.

还没。 ▸ 아직이요.

아직 이루지 못하다

A2

mé, xiū xi yì tiān jiù hǎo le.

没，休息一天就好了。 ▸ 아뇨, 하루 쉬면 될 거예요.

아니다 쉬다 하루 …(하)면 되다

休息(xiū xi) 쉬다 ┃ …就好了(jiù hǎo le) (1) …하면 되다 (2) …했으면 좋겠다

A3

kàn le, yě chī yào le.

看了，也吃药了。 ▸ 가봤어요. 약도 먹었어요.

봤다 도 먹다 약 변화 완료

药(yào) 약

Q80

nǐ cháng shēng bìng ma?

你常生病吗? ▶ 자주 아픈 편이에요?
너 자주 나다 병 의문

常(cháng) 자주 | **生病**(shēng bìng) 병이 나다, 병에 걸리다

A1

bù cháng.

不常。 ▶ 아뇨.
아니다 자주

A2

duì, wǒ cháng shēng bìng.

对，我常生病。 ▶ 맞아요. 자주 아픈 편이에요.
맞다 나 자주 나다 병

A3

bù, dàn wǒ yǒu qì chuǎn.

不，但我有气喘。 ▶ 그렇지는 않지만 천식이 있어요.
아니다 하지만 나 있다 천식

⌐ **气喘**(qì chuǎn) 천식 | **鼻炎**(bí yán) 비염 | **眩晕**(xuàn yūn) 현기증

你家住公寓吗? ▶ 아파트에 살아요?
nǐ jiā zhù gōng yù ma?
네(의) 집 살다 아파트 의문

住(zhù) 살다 | 公寓(gōng yù) 아파트

A1
是, 我家住公寓。 ▶ 네, 아파트예요.
shì, wǒ jiā zhù gōng yù.
네 나 집 살다 아파트

A2
不, 我家住洋房。 ▶ 아뇨, 양옥집이에요.
bù, wǒ jiā zhù yáng fáng.
아니다 나 집 살다 양옥집

↳ 洋房(yáng fáng) 양옥집

A3
不, 我家住五层的楼房。 ▶ 아뇨, 5층짜리 빌라에 살아요.
bù, wǒ jiā zhù wǔ céng de lóu fáng.
아니다 나 집 살다 5 층 의 빌라

↳ 1 楼房(lóu fáng) 빌라, 아파트
   2 단독주택, 빌라, 아파트를 포함한 2층 이상의 건물은 다 楼房(lóu fáng)이라고 해요.
     중국에서 한국식 빌라와 유사한 건물은 多层住宅(duō céng zhù zhái)라고 하는데, 보통
     4~6층으로 엘리베이터가 없어요.

你住宿舍还是住家里?

nǐ zhù sù shè hái shì zhù jiā lǐ?

너 살다 기숙사 아니면 살다 집 안

▶ 기숙사에 살아요, 집에 살아요?

宿舍(sù shè) 기숙사 | 还是(hái shì) 아니면 | 家里(jiā lǐ) 집안

A1

我住家里。 ▶ 집이에요.

wǒ zhù jiā lǐ.

나 살다 집 안

A2

我住学校宿舍。 ▶ 학교 기숙사에서 살아요.

wǒ zhù xué xiào sù shè.

나 살다 학교 기숙사

学校(xué xiào) 학교 | 学校宿舍(xué xiào sù shè) 학교 기숙사
公司宿舍(gōng sī sù shè) 회사 숙소 | 考试院(kǎo shì yuàn) 고시원 | 合宿(hé sù) 하숙집

A3

我在外面租房子。 ▶ 집에서 나와 방을 얻어 살고 있어요.

wǒ zài wài miàn zū fáng zi.

나 에서 밖 세내다 주택/방

外面(wài miàn) 바깥, 밖 | 租(zū) 임대하다, 세내다 | 房子(fáng zi) 방, 집, 건물

083

nǐ zhù jǐ lóu?
你住几楼? ▶ 몇 층에 살아요?
너 살다 몇 층

楼(lóu) 층

A1

wǒ zhù yī lóu.
我住一楼。 ▶ 1층에 살아요.
나 살다 1 층

A2

wǒ zhù dǐng lóu.
我住顶楼。 ▶ 꼭대기층에 살아요.
나 살다 꼭대기층

↳ 顶楼(dǐng lóu) 꼭대기층

A3

wǒ zhù píng fáng.
我住平房。 ▶ 단층집에 살아요.
나 살다 단층집

↳ 平房(píng fáng) 단층집

084

nǐ zhù shén me yàng de fáng zi?
你住什么样的房子?
너 살다 어떤 모양 의 집

▶ 어떤 집에서 살아요?

样(yàng) 모양, 모습 | 房子(fáng zi) 방, 집

A1

wǒ zhù dān jiān gōng yù.
我住单间公寓。 ▶ 원룸에서 살아요.
나 살다 원룸 아파트

↳ 单间公寓(dān jiān gōng yù) = 单身公寓(dān shēn gōng yù) 원룸

A2

wǒ zhù shāng zhù liǎng yòng fáng.
我住商住两用房。 ▶ 오피스텔에서 살아요.
나 살다 오피스텔

↳ 1 商住两用房(shāng zhù liǎng yòng fáng) 오피스텔
2 商住两用(shāng zhù liǎng yòng)이나 商住混合(shāng zhù hùn hé)는 '주상복합'이라는 뜻이에요.

A3

wǒ zhù dú dòng lóu fáng.
我住独栋楼房。 ▶ 단독주택에서 살아요.
나 살다 단독 주택

↳ 独栋楼房(dú dòng lóu fáng) 단독주택

085

ní jiā yǒu jǐ jiān wò shì?
你家有几间卧室?
네(의) 집 있다 몇 칸 침실

▶ 침실이 몇 개 있어요?

间(jiān) 칸, 방을 세는 단위 〈양사〉 | **卧室**(wò shi) 침실, 안방

A1

sān jiān.
三间。 ▶ 세 개예요.
3 칸

A2

wǒ jiā yǒu sān jiān wò shì.
我家有三间卧室。 ▶ 침실이 세 개 있어요.
내(의) 집 있다 3 칸 침실

A3

wǒ jiā yǒu liǎng jiān wò shì, yì jiān yù shì.
我家有两间卧室, 一间浴室。
내(의) 집 있다 2 칸 침실 1 칸 욕실

▶ 침실이 두 개, 욕실이 하나 있어요.

⌐ 浴室(yù shì) 욕실

086

nǐ jiā shì jǐ fáng jǐ tīng?

你家是几房几厅?

네(의) 집 이다 몇 방 몇 청

▶ 집에 방이 몇 개예요?

1 **房**(fáng) 방 : **卧房**(wò fáng) 침실 | **书房**(shū fáng) 서재
2 **厅**(tīng) 청 : **客厅**(kè tīng) 거실 | **餐厅**(cān tīng) 식당 + **厨房**(chú fáng) 부엌

A1

sān fáng liǎng tīng.

三房两厅。 ▶ 방 세 개에 거실과 부엌이요.

3 방 2 청

A2

sān fáng liǎng tīng liǎng wèi.

三房两厅两卫。 ▶ 방 세 개, 거실과 부엌, 화장실/욕실 두 개요.

3 방 2 청 2 위

↳ **卫**(wèi) = **卫浴**(wèi yù) = **卫生间**(wèi shēng jiān) 화장실 + **浴室**(yù shì) 욕실

A3

wǒ jiā shì liǎng fáng yì tīng yí wèi.

我家是两房一厅一卫。

내(의) 집 이다 2 방 1 청 1 위

▶ 저희 집은 방 두 개, 거실, 화장실/욕실 하나예요.

↳ **一厅**(yì tīng)은 거실과 부엌이 분리되어 있지 않은 구조예요.

087

nǐ zhù de dān jiān hán wèi yù ma?
你住的单间含卫浴吗?
너　살다 의　독방　　포함 화장실/욕실　의문

▶ 살고 있는 방에 화장실이 딸려 있나요?

1 **单间**(dān jiān) 호텔의 싱글룸, 원룸이나 고시원 〈화장실이 없을 수도 있음〉
2 **单身公寓**(dān shēn gōng yù) 원룸을 강조한 말

A1　hán wèi yù.
含卫浴。　▶ 화장실/욕실이 딸려 있어요.
포함 화장실/욕실

┗ 含(hán) 포함되다

A2　bù hán wèi yù.
不含卫浴。　▶ 화장실/욕실이 없어요.
아니다 포함 화장실/욕실

A3　hán wèi yù,　　hái yǒu chú fáng.
含卫浴，还有厨房。
포함 화장실/욕실　　또한 있다 부엌

▶ 화장실/욕실이 딸려 있고 부엌도 있어요.

┗ 厨房(chú fáng) 부엌

Q088

ní zhù de dān jiān zěn me yàng?
你住的单间怎么样?
너 살다 의 독방 어때요?
▶ 살고 있는 방은 어때요?

A1
hěn gān jìng.
很干净。 ▶ 깨끗해요.
아주 깨끗하다

干净(gān jìng) 깨끗하다

A2
jiā jù hěn xīn.
家具很新。 ▶ 가구가 새것이에요.
가구 아주 새롭다

家具(jiā jù) 가구 | 新(xīn) 새롭다

A3
fáng zi yǒu diǎnr jiù.
房子有点儿旧。 ▶ 건물이 좀 오래됐어요.
집/건물 조금 오래되다

旧(jiù) 오래되다

089

nǐ zhù de xiǎo qū zěn me yàng?
你住的小区怎么样?
너 살다 의 동네 어때요?

▶ 살고 있는 동네는 어때요?

小区(xiǎo qū) 동네

A1
hěn ān jìng.
很安静。 ▶ 조용해요.
아주 조용하다

安静(ān jìng) 조용하다

A2
jiāo tōng hěn fāng biàn.
交通很方便。 ▶ 교통이 편리해요.
교통 아주 편리하다

交通(jiāo tōng) 교통 | 方便(fāng biàn) 편리하다

A3
zhōu biān yǒu shì chǎng, mǎi cài fāng biàn.
周边有市场，买菜方便。
주변 있다 시장 장을 보다 편리하다

▶ 주변에 시장이 있어 장 보기 편해요.

周边(zhōu biān) 주변, 근처 | 市场(shì chǎng) 시장 | 买菜(mǎi cài) 장을 보다

090

wǒ kě yǐ qù nǐ jiā ma?

我可以去你家吗?

나　　도 되다　　가다 네(의) 집　　의문

▶ 당신 집에 (구경하러) 가도 돼요?

···可以吗(···kě yǐ ma)? / 可以···吗(kě yǐ···ma)? ···(해)도 돼요? 〈허가를 받을 때 쓰는 질문〉

A1

dāng rán kě yǐ.

当然可以。　▶ 물론이죠.

당연히　　되다

> 当然(dāng rán) 당연히, 물론

A2

suí shí huān yíng.

随时欢迎。　▶ 언제든지 환영해요.

수시로　　환영하다

> 随时(suí shí) 수시로 | 欢迎(huān yíng) 환영하다

A3

xià ge zhōu mò lái ba.

下个周末来吧。　▶ 다음 주말에 오세요.

다음　　주말　　오다 제안 어기

091

nǐ xǐ huan chī shén me?
你喜欢吃什么?
너 좋아하다 먹다 뭐

▶ 뭐를 즐겨 먹어요?

喜欢(xǐ huan) 좋아하다

A1

wǒ xǐ huan chī shuǐ guǒ.
我喜欢吃水果。 ▶ 과일을 좋아해요.
나　좋아하다　먹다　과일

水果(shuǐ guǒ) 과일 | 蔬菜(shū cài) 채소 | 海鲜(hǎi xiān) 해산물 | 鱼(yú) 생선
肉(ròu) 고기

A2

tián de wǒ dōu xǐ huan.
甜的我都喜欢。 ▶ 단것이라면 다 좋아해요.
단 것 나 모두 좋아하다

甜的(tián de) 단것 : 형용사 + 的(de) = 명사

A3

wǒ méi yǒu bù xǐ huan de.
我没有不喜欢的。 ▶ 안 좋아하는 것이 없어요.
나 없다 안 좋아하는 것

092

nǐ tǎo yàn chī shén me?
你讨厌吃什么?
너 싫어하다 먹다 뭐

▶ 뭐를 먹기 싫어해요?

1 **讨厌**(tǎo yàn) 싫어하다, 혐오하다
2 **讨厌**(tǎo yàn)은 원칙이나 종교, 관습 등과는 상관없이 개인적인 취향을 물어볼 때 써요.

A1

wǒ tǎo yàn qié zi.
我讨厌茄子。 ▶ 가지를 싫어해요.
나 싫어하다 가지

> 茄子(qié zi) 가지 | 青椒(qīng jiāo) 피망 | 大蒜(dà suàn) 마늘 | 苦瓜(kǔ guā) 여주
> 胡萝卜(hú luó bo) 당근 | 香菜(xiāng cài) 고수 | 葱(cōng) 파

A2

wǒ tǎo yàn yóu nì de shí wù.
我讨厌油腻的食物。 ▶ 기름진 음식을 싫어해요.
나 싫어하다 기름진 음식

> 油腻(yóu nì) 기름지다 | 食物(shí wù) 음식, 먹는 것

A3

wǒ méi fǎr chī yáng ròu.
我没法儿吃羊肉。 ▶ 양고기를 못 먹어요.
나 …할 수 없다 먹다 양고기

> 没法儿(méi fǎr) …할 수 없다 | 羊肉(yáng ròu) 양고기

Q093

nǐ yǒu méi yǒu shén me bù chī de?
你有没有什么不吃的?
너 있다 없다 뭐 안 먹다 것

▶ 안 먹는 거 있어요?

Q092와는 달리 不吃(bù chī)는 원칙이나 종교, 관습 등의 이유로 먹으면 안 될 때 쓰지만, 넓은 의미로 그냥 싫어서 안 먹을 때 쓰기도 해요.

A1

méi yǒu, wǒ shén me dōu chī.
没有, 我什么都吃。
없다 나 뭐(든지) 다 먹다

▶ 없어요. 뭐든지 다 잘 먹어요.

A2

wǒ bù chī niú ròu.
我不吃牛肉。
나 안 먹다 소고기

▶ 소고기를 안 먹어요.

↳ 牛肉(niú ròu) 소고기, 우육

A3

wǒ chī sù, suǒ yǐ bù chī ròu.
我吃素, 所以不吃肉。
나 채식하다 그래서 안 먹다 고기

▶ 저 채식해요. 그래서 고기를 안 먹어요.

↳ 吃素(chī sù) 채식하다 | 所以(suǒ yǐ) 그래서

094

nǐ néng chī là ma?
你能吃辣吗? ▶ 매운 거 잘 먹어요?
너 can 먹다 맵다 의문

能(néng) …할 수 있다

A1

bù néng.
不能。 ▶ 못 먹어요.
can't

A2

néng chī yì diǎnr.
能吃一点儿。 ▶ 조금 먹을 수 있어요.
can 먹다 조금

A3

néng, wǒ zuì ài chī là.
能，我最爱吃辣。 ▶ 네, 매운 것을 가장 좋아해요.
can 나 가장 사랑하다 먹다 맵다

最爱(zuì ài) …을/를 가장 좋아하다, 사랑하다

095

nǐ zuì xǐ huan shén me shuǐ guǒ?

你最喜欢什么水果?

너 가장 좋아하다 뭐 과일

▶ 가장 좋아하는 과일은 뭐예요?

最(zuì) 가장 | 喜欢(xǐ huan) 좋아하다 | 水果(shuǐ guǒ) 과일

A1

cǎo méi.

草莓。 ▶ 딸기예요.

딸기

> 1 草莓(cǎo méi) 딸기 | 西瓜(xī guā) 수박 | 苹果(píng guǒ) 사과 | 梨子(lí zi) 배
> 香蕉(xiāng jiāo) 바나나 | 梅子(méi zi) 매실 | 柿子(shì zi) 감 | 桔子(jú zi) 귤
> 哈密瓜(hā mì guā) 멜론 | 葡萄(pú táo) 포도 | 甜瓜(tián guā) 참외 | 芒果(máng guǒ) 망고
> 2 성조 연습: 梨子(lí zi) 배 | 李子(lǐ zi) 자두 | 栗子(lì zi) 밤

A2

wǒ zuì xǐ huan yòu xiāng yòu tián de cǎo méi.

我最喜欢又香又甜的草莓。

나 가장 좋아하다 또 향기롭다 또 달다 의 딸기

▶ 향기로우면서 달콤한 딸기가 좋아요.

> 香(xiāng) 향기롭다 | 甜(tián) 달다 | 又(yòu)…又(yòu)… 또… 또…

A3

wǒ bú tài xǐ huan chī shuǐ guǒ.

我不太喜欢吃水果。 ▶ 과일을 별로 좋아하지 않아요.

나 별로 좋아하다 먹다 과일

> 不太(bú tài) 별로

---

nǐ xǐ huan chī ròu hái shi chī cài?
你喜欢吃肉还是吃菜?
너 좋아하다 먹다 고기 아니면 먹다 채소
▶ 고기를 좋아해요, 채소를 좋아해요?

肉(ròu) 고기 │ 菜(cài) 채소

A1

wǒ xǐ huan chī cài.
我喜欢吃菜。 ▶ 채소를 좋아해요.
나 좋아하다 먹다 채소

A2

chī ròu, tè bié shì zhū ròu.
吃肉, 特别是猪肉。 ▶ 고기, 특히 돼지고기요.
먹다 고기 특히 이다 돼지고기

 猪肉(zhū ròu) 돼지고기 │ 牛肉(niú ròu) 소고기 │ 鸡肉(jī ròu) 닭고기 │ 羊肉(yáng ròu) 양고기
鸭肉(yā ròu) 오리고기 │ 鹅肉(é ròu) 거위 고기 │ 海鲜(hǎi xiān) 해산물 │ 鱼(yú) 생선

A3

dōu xǐ huan, wǒ bù tiāo shí.
都喜欢, 我不挑食。 ▶ 다 좋아해요. 편식하지 않아요.
다 좋아하다 나 안 편식하다

挑食(tiāo shí) 편식하다, 식성이 까다롭다

nǐ xǐ huan chī shén me kǒu wèi de cài?

你喜欢吃什么口味的菜?

너 좋아하다 먹다 뭐/어떤 맛 의 요리

▶ 어떤 맛의 요리를 좋아해요?

口味(kǒu wèi) 맛, 입맛, 구미 ㅣ 菜(cài) 채소, 요리

A1 wǒ xǐ huan qīng dàn de.

我喜欢清淡的。 ▶ 담백한 걸 좋아해요.

나 좋아하다 담백한 것

⤷ 清淡的(qīng dàn de) 담백한 것 ㅣ 酸的(suān de) 신 것 ㅣ 苦的(kǔ de) 쓴 것
辣的(là de) 매운 것 ㅣ 咸的(xián de) 짠 것

A2 wǒ xǐ huan suān là de kǒu wèi.

我喜欢酸辣的口味。 ▶ 새콤하고 매운 맛을 좋아해요.

나 좋아하다 시다 맵다 의 맛

⤷ 酸辣(suān là) 새콤하고 매콤하다

A3 wǒ xǐ huan chī yòu xiāng yòu là de chuān cài.

我喜欢吃又香又辣的川菜。

나 좋아하다 먹다 또 구수하다 또 맵다 의 쓰촨 요리

▶ 고소하면서도 매콤한 쓰촨 요리를 좋아해요.

⤷ 又香又辣(yòu xiāng yòu là) 구수하면서 맵다, 냄새가 좋으면서 맵다

Q098

wài guó rén xǐ huan chī shén me hán guó cài?
外国人喜欢吃什么韩国菜?
외국인 　　좋아하다 　먹다 　뭐/어떤 　한국 요리
▶ 외국인은 어떤 한국 요리를 좋아해요?

外国人(wài guó rén) 외국인 ┃ 韩国菜(hán guó cài) 한국 요리

A1　wǔ huā ròu.
五花肉。 ▶ 삼겹살이요.
삼겹살

五花肉(wǔ huā ròu) 삼겹살 ┃ 韩牛(hán niú) 한우 ┃ 烤肠(kǎo cháng) 곱창구이

A2　yì bān dōu xǐ huan chī bàn fàn.
一般都喜欢吃拌饭。 ▶ 일반적으로 비빔밥을 다들 좋아해요.
일반적으로 모두 좋아하다 　먹다 비빔밥

1 一般(yì bān) 일반적이다, 보통이다 ┃ 都(dōu) 모두
2 拌饭(bàn fàn) 비빔밥 ┃ 参鸡汤(shēn jī tāng) 삼계탕 ┃ 泡菜锅(pào cài guō) 김치찌개

A3　zhá jī jiā pí jiǔ hěn shòu huān yíng.
炸鸡加啤酒很受欢迎。 ▶ 치맥이 인기가 있어요.
치킨 　더하다 맥주 　매우 인기가 있다

1 炸鸡(zhá jī) 치킨 ┃ 海鲜葱饼(hǎi xiān cōng bǐng) 해물파전 ┃ 猪蹄(zhū tí) 족발
啤酒(pí jiǔ) 맥주 ┃ 烧酒(shāo jiǔ) 소주 ┃ 马格利(mǎ gé lì) 막걸리
2 受欢迎(shòu huān yíng) 인기가 있다

Q099

nǐ wǔ fàn dōu qù nǎr chī?

你午饭都去哪儿吃?
너 점심 주로 가다 어디 먹다

▶ 점심은 주로 어디에서 먹어요?

午饭(wǔ fàn) 점심 | **都**(dōu) 주로

A1

qù cān guǎn chī.

去餐馆吃。 ▶ 식당에서 먹어요.
가다 식당 먹다

↳ 餐馆(cān guǎn) = 饭馆(fàn guǎn) = 餐厅(cān tīng) 식당

A2

zài yuán gōng cān tīng chī.

在员工餐厅吃。 ▶ 구내식당에서 먹어요.
에서 구내식당 먹다

↳ 员工餐厅(yuán gōng cān tīng) 구내식당 | 学生餐厅(xué shēng cān tīng) 학생 식당

A3

wǒ zì jǐ dài hé fàn.

我自己带盒饭。 ▶ 도시락을 갖고 와서 먹어요.
나 스스로 가지다 도시락

↳ 自己(zì jǐ) 스스로 | 带(dài) 가지다, 지니다, 휴대하다 | 盒饭(hé fàn) 도시락

100

nǐ huì zuò cài ma?

你会做菜吗? ▶ 요리를 할 수 있나요?

너   can 요리하다   의문

1 **会**(huì) 할 수 있다 | **做菜**(zuò cài) 요리를 하다
2 **会**(huì)와 **能**(néng)은 둘 다 '할 줄 알다'로 뜻은 같지만 뉘앙스의 차이가 있어요.
会(huì)는 배워서 할 수 있게 된 것을, **能**(néng)은 사람의 능력을 말할 때 써요.

A1

wǒ bú huì zuò cài.

我不会做菜。 ▶ 요리를 못해요.

나 can't   요리하다

A2

wǒ zhǐ huì xià jiǎo zi.

我只会下饺子。 ▶ 물만두를 솥에 넣기만 해요.

나 만 can (솥에) 넣다 만두

↳ **下**(xià) 넣다 | **饺子**(jiǎo zi) 만두

A3

huì,   wǒ de ná shǒu cài shì dàn chǎo fàn.

会，我的拿手菜是蛋炒饭。

can   나 의 잘하는 요리 이다 계란볶음밥

▶ 네, 제가 잘하는 요리는 계란볶음밥이에요.

↳ **拿手菜**(ná shǒu cài) 잘하는 요리 | **蛋炒饭**(dàn chǎo fàn) 계란볶음밥

101

míng tiān nǐ yǒu kòng ma?

明天你有空吗？ ▶ 내일 시간 있어요?

내일　너　있다　틈　의문

1 明天(míng tiān) 내일 ｜ 有(yǒu) 있다 ｜ 空(kòng) 틈, 짬
2 下午(xià wǔ) 오후 ｜ 周末(zhōu mò) 주말

A1

yǒu.

有。 ▶ 있어요.

있다

A2

míng tiān méi kòng.

明天没空。 ▶ 내일 시간이 없어요.

내일　없다　틈

↳ 没空(méi kòng) 시간이나 여유가 없다

A3

míng tiān méi kòng, hòu tiān kě yǐ ma?

明天没空，后天可以吗？

내일　없다　시간　모레　되다　의문

▶ 내일은 시간이 없는데, 모레는 안 될까요?

↳ 后天(hòu tiān) 모레

102 qù nǎr guàng jiē hǎo?

去哪儿逛街好?

가다 어디 쇼핑하다 좋다

▶ 어디 가서 쇼핑하면 좋을까요?

逛街(guàng jiē)라는 말은 본래 '거닐다 + 거리'로 길거리를 구경하는 것,
즉 윈도쇼핑이나 쇼핑을 다 포함해요.

A1 lí dà.

梨大。 ▶ 이대요.

이대

┗ 梨大(lí dà) 이대 = 梨花女子大学(lí huā nǚ zǐ dà xué) 이화여자대학

A2 qù dōng dà mén.

去东大门。 ▶ 동대문에 가요.

가다 동대문

┗ 东大门(dōng dà mén) 동대문 │ 明洞(míng dòng) 명동 │ 南大门(nán dà mén) 남대문
三清洞(sān qīng dòng) 삼청동 │ 江南(jiāng nán) 강남

A3 qù xīn shā dòng ba.

去新沙洞吧。 ▶ 신사동에 가요.

가다 신사동 제안 어기

┗ 1 新沙洞(xīn shā dòng) 신사동
  2 吧(ba)는 여기서 제안하는 어기예요.

103

nǐ xiǎng mǎi shén me?
你想买什么？ ▸ 뭘 사고 싶어요?
너 하고 싶다 사다 뭐

想(xiǎng) …하고 싶다 | **买**(mǎi) 사다

A1

wǒ xiǎng mǎi yī fu.
我想买衣服。 ▸ 옷을 사고 싶어요.
나 하고 싶다 사다 옷

↳ 衣服(yī fu) 옷 | 鞋子(xié zi) 신발 | 提包(tí bāo) 가방
日用品(rì yòng pǐn) 생필품 | 化妆品(huà zhuāng pǐn) 화장품

A2

wǒ xiǎng mǎi xiē tè chǎn.
我想买些特产。 ▸ 특산물을 조금 사고 싶어요.
나 하고 싶다 사다 조금 특산물

↳ 些(xiē) 얼마간 | 特产(tè chǎn) 특산물

A3

wǒ zhǐ kàn bù mǎi.
我只看不买。 ▸ 구경만 하고 쇼핑은 안 할 거예요.
나 만 보다 안 사다

↳ 橱窗购物(chú chuāng gòu wù) 윈도쇼핑

104

yào bú yào qù chuán tǒng shì chǎng?
要不要去传统市场?
…ㄹ까요   가다   전통시장

▶ 전통시장에 갈까요?

传统市场(chuán tǒng shì chǎng) 전통시장 | 便利店(biàn lì diàn) 편의점
大型超市(dà xíng chāo shì) 마트 | 百货商场(bǎi huò shāng chǎng) 백화점
购物中心(gòu wù zhōng xīn) 쇼핑몰 | 超级市场(chāo jí shì chǎng) 슈퍼마켓

A1

hǎo.
好。 ▶ 좋아요.
좋다

A2

bù,   wǒ xiǎng qù   bǎi huò shāng chǎng.
不，我想去百货商场。 ▶ 아니요, 백화점에 가고 싶어요.
아니다 나 하고 싶다 가다 백화점

A3

xiān qù   shì chǎng,   zài qù shāng chǎng.
先去市场，再去商场。 ▶ 시장에 간 다음에 백화점에 가요.
먼저 가다 시장   그 다음 가다 백화점

再(zài) 다시, 더욱, …한 다음에

Q105

zhè ge duō shao qián?

这个多少钱? ▶ 이거 얼마예요?
이 것/개 얼마 돈

多少钱(duō shao qián) 얼마예요

A1

sān kuài wǔ máo.

三块五毛。 ▶ 3.5원이요.
삼 원 오

↳ 1 块(kuài) 인민폐 즉 CNY의 원 | 毛(máo) 0.1원
　 2 RMB 1원 = KWR 177.6원

A2

sān yuán wǔ jiǎo.

三元五角。 ▶ 3.5원이요.
삼 원 오

↳ 1 元(yuán) = 块(kuài) 원 | 角(jiǎo) = 毛(máo) 0.1원
　 2 元(yuán)과 角(jiǎo)는 문어체이고, 반면에 块(kuài)와 毛(máo)는 구어체예요.

A3

yuán jià liǎng bǎi. xiàn jià yì bǎi wǔ.

原价两百，现价一百五。
원래 가격 이 백　 현재 가격 백　 오십

▶ 정가는 200원인데, 현재 가격은 150원이에요.

↳ 原价(yuán jià) 정가 | 现价(xiàn jià) 현재 가격

---

zhè xiē jú zi zěn me mài?

这些橘子怎么卖?
이것들 귤 어떻게 팔다

▶ **이 귤들은 어떻게 팔아요?**

1 **这些**(zhè xiē)는 영어 'these'에 해당되는 말이에요.
2 반대어 그들, 그것들은 **那些**(nà xiē)예요.

A1　yí　ge liǎng kuài qián.
一个两块钱。 ▶ 하나에 2원이에요.
한 개 이 원

⌐ 块钱(kuài qián) 원 = 块(kuài)

A2　qī kuài sì ge.
七块四个。 ▶ 네 개에 7원이에요.
칠 원 네 개

A3　yì　jīn yí kuài wǔ.
一斤一块五。 ▶ 한 근에 1.5원이에요.
한 근 일 원 오

⌐ 斤(jīn) 근 〈채소나 과일의 무게를 재는 단위〉

107

zhè jiàn yī fu dǎ jǐ zhé?

这件衣服打几折?

이 벌 옷 하다 몇 할인

▶ 이 옷은 몇 퍼센트 할인해요?

件(jiàn) 벌 〈옷을 세는 단위〉 / **打折**(dǎ zhé) 할인하다

A1

bù dǎ zhé.

不打折。 ▶ 할인 안 해요.

없다 할인하다

A2

sān zhé.

三折。 ▶ 70퍼센트 할인이요.

삼 할인

A3

dǎ qī zhé.

打七折。 ▶ 30퍼센트 할인해요.

하다 칠 할인

kě bù kě yǐ pián yi yì diǎn?
可不可以便宜一点?
·· 도 될까요   싸다   조금

▶ 좀 싸게 해주실 수 있나요?

1 可不可以…(kě bù kě yǐ…) …가능해요. …도 될까요
2 상대방에게 예의 바르게 요청할 때 써요.
3 값을 깎는 것은 砍价(kǎn jià)라고 해요.

A1　hǎo ba.
好吧。 ▶ 그래. / 그래요.
좋다 동의 어기

> 여기서 吧(ba)가 동의와 양보를 나타내요.

A2　bù néng zài pián yi le.
不能再便宜了。 ▶ 더 싸게는 안 돼요.
안 되다 더 싸다   상태 완료

> 再(zài) 다시, 더욱, …한 다음에

A3　zhè yǐ jīng hěn pián yi le.
这已经很便宜了。 ▶ 이건 아주 싼 거예요.
이 이미 아주 싸다   상태 완료

> 已经(yǐ jīng) 이미, 벌써

Q109

nǐ píng shí dōu qù nǎr mǎi dōng xi?
你平时都去哪儿买东西?
너 평소 주로 가다 어디 사다 물건

▶ 평소에 주로 어디에서 쇼핑해요?

平时(píng shí) 평소, 평상시 | **买东西**(mǎi dōng xi) 물건을 사다

A1
dà xíng shāng chǎng.
大型商场。 ▶ 쇼핑몰이요.
대형   백화점

1 大型商场(dà xíng shāng chǎng) 쇼핑몰
2 大型商场(dà xíng shāng chǎng)은 购物中心(gòu wù zhōng xīn)과 비슷해요.

A2
shì chǎng huò chāo shì.
市场或超市。 ▶ 시장이나 슈퍼마켓이요.
시장   혹은 슈퍼마켓

超市(chāo shì) = 超级市场(chāo jí shì chǎng) 슈퍼마켓

A3
wǒ píng shí dōu wǎng shàng gòu wù.
我平时都网上购物。 ▶ 평소에 주로 온라인 쇼핑을 해요.
나 평소 주로 온라인 쇼핑하다

1 网上(wǎng shàng) 온라인, 인터넷에서 → 上网(shàng wǎng) 인터넷을 하다
2 购物(gòu wù) 쇼핑하다
3 购物(gòu wù)는 买东西(mǎi dōng xi)와 비슷해요.

Q110

hán guó wǎng gòu zěn me yàng?
韩国网购怎么样?
한국 인터넷 쇼핑 어때요?

▶ 한국의 온라인 쇼핑은 어때요?

1 网购(wǎng gòu) = 网上购物(wǎng shàng gòu wù) 온라인 쇼핑
2 购物网站(gòu wù wǎng zhàn) 쇼핑 사이트
3 支付宝(zhī fù bǎo) 페이팔과 같은 중국의 온라인 결제 시스템

A1

hěn fāng biàn.
很方便。 ▶ 편리해요.
아주 편리하다

 方便(fāng biàn) 편리하다

A2

zhì liàng hái bú cuò.
质量还不错。 ▶ 품질이 괜찮은 편이에요.
품질 그런대로 괜찮다

 质量(zhì liàng) 품질

A3

fā huò hěn kuài sù.
发货很快速。 ▶ 배송이 빨라요.
발송하다 아주 빠르다

 发货(fā huò) 출하하다, 발송하다 | 快速(kuài sù) 빠르다, 신속하다

Q1

nǐ xǐ huan shén me yùn dòng?
你喜欢什么运动?
너 좋아하다 무슨 운동

▶ 무슨 운동을 좋아해요?

喜欢(xǐ huan) 좋아하다 ∣ **什么**(shén me) 무슨 ∣ **运动**(yùn dòng) 운동, 운동하다

A1

dǎ lán qiú.
打篮球。 ▶ 농구를 해요.
하다 농구

┗ 篮球(lán qiú) 농구 ∣ 打(dǎ) 치다, 하다 〈경우에 따라 다르게 해석〉
排球(pái qiú) 배구 ∣ 网球(wǎng qiú) 테니스 ∣ 兵乓球(pīng pāng qiú) 탁구
羽毛球(yǔ máo qiú) 배드민턴 ∣ 高尔夫球(gāo ěr fū qiú) 골프

A2

yóu yǒng.
游泳。 ▶ 수영이요.
수영

┗ 游泳(yóu yǒng) 수영, 수영하다 ∣ 滑冰(huá bīng) 스케이트를 타다
滑雪(huá xuě) 스키를 타다

A3

wǒ xǐ huan pǎo bù.
我喜欢跑步。 ▶ 달리기를 좋아해요.
나 좋아하다 달리다

┗ 跑步(pǎo bù) 달리다 ∣ 慢跑(màn pǎo) 조깅하다 ∣ 散步(sàn bù) 산책하다

112

yì zhōu yùn dòng jǐ cì?
一周运动几次?
일주일 　운동하다　 몇　 번

▶ 일주일에 운동을 몇 번 해요?

一周(yì zhōu) 일주일 ｜ 运动(yùn dòng) 운동 ｜ 几次(jǐ cì) 몇 번

A1
wǒ měi tiān yùn dòng.
我每天运动。 ▶ 매일 운동해요.
나　 매일　 운동하다

A2
yì zhōu yùn dòng sān cì.
一周运动三次。 ▶ 일주일에 세 번 운동해요.
일주일　 운동하다　 세　 번

次(cì) 번 〈앞에 횟수가 옴〉

A3
zhǐ zài zhōu mò yùn dòng.
只在周末运动。 ▶ 주말에만 운동해요.
만　 에　 주말　 운동하다

只(zhǐ) 만, 뿐 ｜ 在(zài) …에

Q113

yì bān zài nǎ lǐ yùn dòng?

一般在哪里运动？

보통 ·에서 어디 운동하다

▶ 보통 어디에서 운동해요?

一般(yì bān) 보통, 일반적으로 │ **哪里**(nǎ lǐ) = **哪儿**(nǎr) 어디

A1

zài jiàn shēn fáng.

在健身房。 ▶ 헬스클럽에서요.

에서 헬스클럽

健身房(jiàn shēn fáng) 헬스클럽 │ **公园**(gōng yuán) 공원 │ **体育馆**(tǐ yù guǎn) 체육관
游泳池(yóu yǒng chí) 수영장

A2

zài jiā lóu xià pǎo bù.

在家楼下慢跑。 ▶ 집 근처에서 조깅해요.

에서 집 건물 아래 조깅하다

家(jiā) 집 │ **楼下**(lóu xià) 건물 아래 일 층 주변 │ **慢跑**(pǎo bù) 조깅

A3

yì bān zài cāo chǎng shàng pǎo bù.

一般在操场上跑步。 ▶ 보통 운동장에서 달리기를 해요.

보통 에서 운동장 위 달리기하다

操场(cāo chǎng) 운동장 │ **跑步**(pǎo bù) 달리다

---

měi cì yùn dòng duō jiǔ?

每次运动多久?

매번   운동하다   얼마 동안

▶ 매번 얼마나 운동해요?

每次(měi cì) 매번 │ **多久(duō jiǔ)** 얼마 동안 → **久(jiǔ)** 시간이 길다

A1

sān shí fēn zhōng.

三十分钟。 ▶ 30분이요.

삼   십   분

↳ 分钟(fēn zhōng) 분

A2

yí ge xiǎo shí zuǒ yòu.

一个小时左右。 ▶ 한 시간 정도예요.

한   시간   정도

↳ 小时(xiǎo shí) 시간 단위 │ 左右(zuǒyòu) 정도, 내외, 쯤

A3

yí ge xiǎo shí yǐ shàng.

一个小时以上。 ▶ 한 시간 이상이요.

한   시간   이상

↳ 以上(yǐ shàng) 이상 ↔ 以下(yǐ xià) 이하

Q115

píng shí kàn shén me yùn dòng bǐ sài?

平时看什么运动比赛?

평소　　　보다 뭐/어떤　　운동　　경기

▶ 평소 어떤 운동 경기를 봐요?

平时(píng shí) 평소 ┃ **看**(kàn) 보다 ┃ **运动比赛**(yùn dòng bǐ sài) 운동 경기

A1

zú qiú.

足球。 ▶ 축구요.

축구

⤷ **拳击**(quán jī) 권투 ┃ **相扑**(xiāng pū) 스모 ┃ **花样滑冰**(huā yàng huá bīng) 피겨 스케이팅

A2

píng shí kàn bàng qiú bǐ sài.

平时看棒球比赛。 ▶ 평소 야구 경기를 봐요.

평소　　　보다 야구　　경기

⤷ **棒球**(bàng qiú) 야구

A3

wǒ bù zěn me kàn bǐ sài.

我不怎么看比赛。 ▶ 경기를 잘 안 봐요.

나 별로 …하지 않다 보다 경기

⤷ **不怎么**(bù zěn me) 별로 …하지 않다

116

nǐ yào mǎi shén me yùn dòng yòng pǐn?
你要买什么运动用品?
너 will 사다 어떤 운동 용품

▶ 어떤 운동 용품을 살 거예요?

要(yào) …할 것이다 | 买(mǎi) 사다
运动用品(yùn dòng yòng pǐn) 운동 용품

A1
wǒ yào mǎi qiú yī.
我要买球衣。 ▶ 구기 운동복을 살 거예요.
나 will 사다 구기 운동복

↳ 球衣(qiú yī) 구기 운동복

A2
wǒ yào mǎi pǎo xié.
我要买跑鞋。 ▶ 러닝화를 살 거예요.
나 will 사다 러닝화

↳ 跑鞋(pǎo xié) 러닝화

A3
wèi le liàn xí wǎng qiú, wǒ yào mǎi qiú pāi.
为了练习网球，我要买球拍。
…하기 위해 연습하다 테니스 나 will 사다 라켓

▶ 테니스를 연습하기 위해 라켓을 살 거예요.

↳ 为了(wèi le) …하기 위해 | 练习(liàn xí) 연습하다 | 网球(wǎng qiú) 테니스
球拍(qiú pāi) 라켓

117

nǐ huì zài shén me yùn dòng shàng huā qián?
你会在什么运动上花钱?
너 will 에서 어떤 운동 방면 쓰다 돈

▶ 어떤 운동에 돈을 쓸 거예요?

1 花钱(huā qián) 돈을 쓰다
2 여기서 '…上(shàng)'은 방향을 나타내는 '위'가 아니라 '…에 관한, …에서, 방면'이라는 뜻이에요.

A1 wǒ huì bào míng jiàn shēn fáng.
我会报名健身房。 ▶ 헬스클럽에 등록할 거예요.
나 will 등록하다 헬스클럽

> 报名(bào míng) 등록하다 | 健身房(jiàn shēn fáng) 헬스클럽

A2 wǒ huì pìn qǐng jiàn shēn jiāo liàn.
我会聘请健身教练。 ▶ 헬스 코치를 초빙할 거예요.
나 will 초빙하다 헬스 코치

> 聘请(pìn qǐng) 초빙하다 | 健身教练(jiàn shēn jiāo liàn) 헬스 코치

A3 wǒ bú huì zài yùn dòng shàng huā qián.
我不会在运动上花钱。 ▶ 운동에 돈을 쓸 일이 없어요.
나 won't 에서 운동 방면 쓰다 돈

> 不会(bú huì) …할 일이 없다

Q118

huì gēn jiā rén huò péng yǒu yì qǐ yùn dòng ma?

会跟家人或朋友一起运动吗?

will 와 가족 이나 친구 같이 운동하다 의문

▶ 가족이나 친구와 같이 운동해요?

跟…一起(gēn … yì qǐ) …와/과 같이

A1

huì, zhōu mò gēn péng yǒu yì qǐ dēng shān.

会，周末跟朋友一起登山。

will 주말 와 친구 같이 등산하다

▶ 네. 주말에 친구와 같이 등산해요.

登山(dēng shān) 등산하다

A2

ǒu ěr gēn yé ye yì qǐ dǎ tài jí quán.

偶尔跟爷爷一起打太极拳。

가끔 와 할아버지 같이 하다 태극권

▶ 가끔 할아버지와 같이 태극권을 해요.

偶尔(ǒu ěr) 가끔 │ 太极拳(tài jí quán) 태극권

A3

jīng cháng gēn tóng xué yì qǐ tī zú qiú.

经常跟同学一起踢足球。

자주 과 동창 같이 차다 축구

▶ 동창과 같이 축구를 자주 해요.

经常(jīng cháng) 자주 │ 同学(tóng xué) 동창 │ 踢(tī) 차다, 하다 │ 足球(zú qiú) 축구

Q119

zài yùn dòng zhōng shòu guò shāng ma?
在运动中受过伤吗?
에서 운동 중 다치다 …한 적이 있다 의문

▶ 운동하다가 다친 적이 있어요?

1 **受伤**(shòu shāng) 다치다 | **过**(guò) (1) 동작 완료 (2) …한 적이 있다
2 **过**(guò)는 동사 뒤에 올 때 동작의 완료나 경험을 나타내요.

A1

yāo bù shòu guò shāng.
腰部受过伤。 ▶ 허리를 다친 적이 있어요.
허리 다치다 …한 적이 있다

↳ 腰部(yāo bù) 허리 | 手(shǒu) 손 | 胳膊(gē bo) 팔 | 腿(tuǐ) 다리 | 脚(jiǎo) 발

A2

pǎo bù de shí hòu, shuāi guò jiāo.
跑步的时候, 摔过跤。 ▶ 달리기할 때 넘어진 적이 있어요.
달리기하다 의 때 넘어지다 …한 적이 있다

↳ 摔跤(shuāi jiāo) 넘어지다

A3

méi yǒu shòu guò shāng.
没有受过伤。 ▶ 다친 적이 없어요.
없다 다치다 …한 적이 있다

↳ 没有…过(méi yǒu … guò) …한 적이 없다

máng de shí hòu hái huì yùn dòng ma?

忙的时候还会运动吗?

바쁘다 의 때 또 w께 운동하다 의문

▶ 바쁠 때도 운동해요?

忙(máng) 바쁘다

A1

huì.

会。 ▶ 네.

네

A2

huì, zài máng yě yào yùn dòng.

会，再忙也要运动。 ▶ 네, 아무리 바빠도 운동을 해야지요.

네 아무리 바쁘다 도 …하겠다 운동하다

 再忙也要(zài máng yě yào)… 아무리 바빠도 …해야 하다

A3

hěn máng de huà, jiù bú huì yùn dòng.

很忙的话，就不会运动。 ▶ 많이 바쁘면 운동을 잘 안 해요.

아주 바쁘다 …면 그럼 won't 운동하다

1 …的话(de huà) …(으)면, 구어체의 가정

2 就(jiù)는 동사, 접속사, 부사로 쓸 수 있고 뜻도 다양해요.
여기서는 전후의 인과 관계를 표현하고 있어요.

121

ní xǐ huan shén me yán sè?
你喜欢什么颜色？
너   좋아하다   뭐/무슨   색깔

▶ 무슨 색을 좋아해요?

颜色(yánsè) 색깔

A1

lǜ sè.
绿色。 ▶ 초록색이요.
초록색

绿色(lǜ sè) 초록색 | 黑色(hēi sè) 검정색 | 灰色(huī sè) 회색 | 白色(bái sè) 흰색
棕色(zōng sè) 갈색 | 红色(hóng sè) 빨간색 | 粉红色(fěn hóng sè) 분홍색
橙色(chéng sè) 주황색 | 黄色(huáng sè) 노란색 | 蓝色(lán sè) 파란색 | 紫色(zǐ sè) 보라색

A2

wǒ xǐ huan lǜ sè.
我喜欢绿色。 ▶ 초록색을 좋아해요.
나   좋아하다   초록색

A3

wǒ xǐ huan lǜ sè hé lán sè.
我喜欢绿色和蓝色。 ▶ 초록색과 파란색을 좋아해요.
나   좋아하다   초록색   과   파란색

Q 122

nǐ yǎng chǒng wù ma?

你养宠物吗?

너 키우다 애완동물 의문

▶ 애완동물을 키우고 있어요?

养(yǎng) (동물을) 기르다, 키우다 | **宠物**(chǒng wù) 애완동물

A1

wǒ yǎng yú.

我养鱼。 ▶ 물고기를 키워요.

나 키우다 물고기

↳ 鱼(yú) 물고기 | 狗(gǒu) 개 | 猫(māo) 고양이 | 仓鼠(cāng shǔ) 햄스터
乌龟(wū guī) 거북이 | 兔子(tù zi) 토끼 | 鸟(niǎo) 새

A2

wǒ yǎng le yì zhī gǒu.

我养了一只狗。 ▶ 개 한 마리를 키우고 있어요.

나 키우다 한 마리 개

↳ 只(zhī) 마리

A3

wǒ méi yǎng chǒng wù.

我没养宠物。 ▶ 애완동물을 안 키워요.

나 안 키우다 애완동물

---

ní xǐ huan shān hái shi hǎi?

你喜欢山还是海?

너 좋아하다 산 아니면 바다

▶ 산을 좋아해요, 바다를 좋아해요?

山(shān) 산 | 还是(háishi) 아니면 | 海(hǎi) 바다

A1

wǒ xǐ huan shān.

我喜欢山。 ▶ 산을 좋아해요.

나 좋아하다 산

A2

wǒ xǐ huan hǎi.

我喜欢海。 ▶ 바다를 더 좋아해요.

나 좋아하다 바다

A3

wǒ xǐ huan lán sè de dà hǎi.

我喜欢蓝色的大海。 ▶ 넓고 푸른 바다를 좋아해요.

나 좋아하다 파란색 의 큰 바다

蓝色的(lán sè de) 파란 | 大海(dà hǎi) 넓은 바다, 대해

nǐ cháng qù nǎ xiē dì fang?
你常去哪些地方?
너 자주 가다 어느 장소

▶ 자주 가는 장소가 있어요?

去(qù) 가다 │ 哪些(nǎ xiē) 어느 │ 地方(dì fang) 장소, 곳

A1

tú shū guǎn.
图书馆。 ▶ 도서관이에요.
도서관

┗ 图书馆(tú shū guǎn) 도서관 │ 公园(gōng yuán) 공원 │ 咖啡馆(kā fēi guǎn) 커피숍
健身房(jiàn shēn fáng) 헬스클럽 │ 游泳池(yóu yǒng chí) 수영장 │ 网吧(wǎng bā) PC방

A2

wǒ cháng qù tú shūg uǎn.
我常去图书馆。 ▶ 도서관에 자주 가요.
나 자주 가다 도서관

A3

wǒ cháng qù hǎi biān.
我常去海边。 ▶ 바닷가에 자주 가요.
나 자주 가다 바닷가

┗ 海边(hǎi biān) 바닷가 │ 山上(shān shàng) 산속 〈일반적으로는 등산이나 소풍을 간다는 말로 사용〉

Q125

ní zuì jìn zài xué xí shén me ne?
你最近在学习什么呢?
너 요즘 있다 배우다 뭐/무슨 의문

▶ 요즘에 뭐 새로 배우는 거 있어요?

呢(ne)는 조사로 문장 맨 끝에 쓰여, 확신이나 의문을 나타내요.

A1

huà huàr.
画画儿。 ▶ 그림을 그려요.
그리다 그림

┗ 画画儿(huà huàr) 그림을 그리다 ㅣ 吉他(jí tā) 기타 ㅣ 钢琴(gāng qín) 피아노

A2

wǒ zài xué yīng yǔ.
我在学英语。 ▶ 영어를 배우고 있어요.
나 있다 배우다 영어

┗ 英语(yīng yǔ) 영어 ㅣ 汉语(hàn yǔ) 중국어 ㅣ 日语(rì yǔ) 일본어 ㅣ 法语(fǎ yǔ) 프랑스어
德语(dé yǔ) 독일어 ㅣ 手语(shǒu yǔ) 수화

A3

wǒ zuì jìn zài xué kāi chē.
我最近在学开车。 ▶ 요즘 운전을 배우고 있어요.
나 요즘 있다 배우다 운전하다 차

┗ 开车(kāi chē) 차를 운전하다 ㅣ 骑自行车(qí zì xíng chē) 자전거를 타다 ㅣ 骑马(qí mǎ) 승마하다

Q 126

nǐ yǒu shén me ài hào?

你有什么爱好? ▶ 취미가 뭐예요?

너 있다 뭐/무슨 취미

爱好(ài hào) 취미

A1

tīng yīn yuè.

听音乐。 ▶ 음악 감상이요.

듣다 음악

听音乐(tīng yīn yuè) 음악을 듣다 ┃ 看电影(kàn diàn yǐng) 영화를 보다

A2

zuò dàn gāo.

做蛋糕。 ▶ 케이크 만들기예요.

만들다 케이크

做(zuò) 만들다 ┃ 蛋糕(dàn gāo) 케이크
做饼干(zuò bǐng gān) 쿠키를 만들다 ┃ 做菜(zuò cài) 요리하다

A3

wán diàn nǎo yóu xì.

玩电脑游戏。 ▶ 컴퓨터 게임을 해요.

놀다 컴퓨터 게임

玩(wán) 놀다 ┃ 电脑游戏(diàn nǎo yóu xì) 컴퓨터 게임 ┃ 下棋(xià qí) 바둑을 두다

127

ní xǐ huan kàn diàn yǐng ma?
你喜欢看电影吗?
너 좋아하다 보다 영화 의문

▶ 영화 보는 거 좋아해요?

看(kàn) 보다 | **电影**(diàn yǐng) 영화

A1

wǒ xǐ huan kàn diàn yǐng.
我喜欢看电影。 ▶ 영화 보는 거 좋아해요.
나 좋아하다 보다 영화

A2

bú tè bié xǐ huan.
不特别喜欢。 ▶ 그렇게 좋아하진 않아요.
안 특별히 좋아하다

特别(tè bié) 특별히, 특별하다

A3

wǒ xǐ huan kàn xǐ jù piàn, bù xǐ huan kǒng bù piàn.
我喜欢看喜剧片，不喜欢恐怖片。
나 좋아하다 보다 코미디 영화 안 좋아하다 공포 영화

▶ 코미디 영화는 좋아하는데, 공포 영화는 싫어해요.

喜剧片(xǐ jù piàn) 코미디 영화 | **恐怖片**(kǒng bù piàn) 공포 영화
惊悚片(jīng sǒng piàn) 스릴러 | **剧情片**(jù qíng piàn) 드라마 영화
科幻片(kē huàn piàn) SF 영화 | **奇幻片**(qí huàn piàn) 판타지 영화
动作片(dòng zuò piàn) 액션 영화 | **爱情片**(ài qíng piàn) 멜로 영화
动画(dòng huà) 애니메이션

---

nǐ yǒu kōng shí xǐ huan zuò xiē shén me?
你有空时喜欢做些什么?
너 있다 비다 때 좋아하다 하다 조금 뭐
▶ 시간이 날 때 뭐 하는 걸 좋아해요?

有(yǒu) 있다 | **空**(kōng) 비다 | **时**(shí) 때

---

sàn bù.
散步。 ▶ 산책해요.
산책하다

↳ 散步(sàn bù) 산책하다 | 慢跑(màn pǎo) 조깅하다 | 溜狗(liū gǒu) 개를 산책시키다

A2

wǒ xǐ huan dú shū.
我喜欢读书。 ▶ 책을 읽는 거 좋아해요.
나 좋아하다 읽다 책

↳ 读书(dú shū) 책을 읽다 | 打球(dǎ qiú) 구기 운동을 하다 | 健身(jiàn shēn) 헬스를 하다

A3

wǒ xǐ huan gēn péng yǒu qù guàng jiē.
我喜欢跟朋友去逛街。 ▶ 친구와 쇼핑하러 가는 거 좋아해요.
나 좋아하다 와 친구 가다 쇼핑하다/길거리 구경

↳ 跟(gēn) …와/과 | 朋友(péng yǒu) 친구 | 逛街(guàng jiē) 쇼핑하다

129

nǐ huì yǎn zòu shén me yuè qì?
你会演奏什么乐器?
너 can 연주하다 뭐/무슨 악기

▶ 연주할 수 있는 악기가 있어요?

1 会(huì) …할 수 있다, …할 줄 알다 = can │ 演奏(yǎn zòu) 연주하다 │ 乐器(yuè qì) 악기
2 乐(yuè) – 音乐(yīn yuè) 음악 │ 乐(lè) – 快乐(kuài lè) 즐겁다

A1
wǒ huì tán gāng qín.
我会弹钢琴。 ▶ 피아노를 칠 수 있어요.
나 can 치다 피아노

ᴸ 弹(tán) 치다 : 钢琴(gāng qín) 피아노 │ 吉他(jí tā) 기타

A2
wǒ huì chuī dí zi.
我会吹笛子。 ▶ 피리를 불 수 있어요.
나 can 불다 피리

ᴸ 吹(chuī) 불다 : 笛子(dí zi) 피리 │ 口琴(kǒu qín) 하모니카

A3
wǒ huì lā xiǎo tí qín.
我会拉小提琴。 ▶ 바이올린을 켤 수 있어요.
나 can 켜다 바이올린

ᴸ 拉(lā) 켜다 : 小提琴(xiǎo tí qín) 바이올린 │ 大提琴(dà tí qín) 첼로

130

zuì jìn dú le shén me shū?

最近读了什么书?
요즘 읽다 완료 뭐/무슨 책

▶ 요즘 무슨 책을 읽어요?

读(dú) 읽다 | 书(shū) 책

A1

xiǎo shuō.

小说。 ▶ 소설이요.
소설

小说(xiǎo shuō) 소설 | 随笔(suí bǐ) 수필 | 诗歌(shī gē) 시가 | 杂志(zá zhì) 잡지
绘本(huì běn) 그림책 | 漫画(màn huà) 만화 | 食谱(shí pǔ) 요리책
旅游书(lǚ yóu shū) 여행책 | 商业(shāng yè) 비즈니스 | 体育(tǐ yù) 스포츠

A2

zuì jìn dú le tuī lǐ xiǎo shuō.

最近读了推理小说。 ▶ 요즘 추리 소설을 읽었어요.
요즘 읽다 완료 추리 소설

推理小说(tuī lǐ xiǎo shuō) 추리 소설 | 历史小说(lì shǐ xiǎo shuō) 역사 소설
言情小说(yán qíng xiǎo shuō) 연애 소설 | 武侠小说(wǔ xiá xiǎo shuō) 무협 소설
奇幻小说(qí huàn xiǎo shuō) 판타지 소설 | 科幻小说(kē huàn xiǎo shuō) SF 소설

A3

zuì jìn méi kòng dú shū.

最近没空读书。 ▶ 요즘 책 읽을 시간이 없어요.
요즘 없다 시간 읽다 책

没空(méi kòng) 시간이나 여유가 없다

nǐ xǐ huan shén me kē mù?

你喜欢什么科目?

너 좋아하다 뭐/어떤 과목

▶ 어떤 과목을 좋아해요?

科目(kē mù) 과목

---

shù xué hé diàn nǎo.
数学和电脑。 ▶ 수학과 컴퓨터요.
수학 과 컴퓨터

┗ 数学(shù xué) 수학 ｜ 电脑(diàn nǎo) 컴퓨터
科学(kē xué) 과학 ｜ 化学(huà xué) 화학 ｜ 物理(wù lǐ) 물리

---

wǒ xǐ huan yīng yǔ.
我喜欢英语。 ▶ 영어를 좋아해요.
나 좋아하다 영어

┗ 英语(yīng yǔ) 영어 ｜ 国语(guó yǔ) 국어 ｜ 地理(dì lǐ) 지리 ｜ 历史(lì shǐ) 역사

---

wǒ xǐ huan měi shù.
我喜欢美术。 ▶ 미술을 좋아해요.
나 좋아하다 미술

┗ 美术(měi shù) 미술 ｜ 音乐(yīn yuè) 음악 ｜ 戏剧(xì jù) 연극 ｜ 体育(tǐ yù) 체육

132

nǐ dà xué dú shén me zhuān yè?
你大学读什么专业？
녀 대학교 읽다 뭐 전공

▶ 대학에서는 뭘 전공했어요?

1 '읽다'라는 뜻의 读(dú)는 이 문장에서 '공부하다, 진학하다'라는 뜻으로 쓰였어요.
2 **专业**(zhuān yè) 전공

A1

wǒ dú shī fàn xué yuàn.
我读师范学院。 ▶ 사범대학에서 공부했어요.
나 공부하다 사범 학부/대학

师范学院(wǔ guān) 사범대학 ｜ 法学院(fǎ xué yuàn) 법대 ｜ 工学院(gōng xué yuàn) 공과대학
理学院(lǐ xué yuàn) 이과대학 ｜ 医学院(yī xué yuàn) 의과대학
管理学院(guǎn lǐ xué yuàn) 경영대학 ｜ 美术学院(měi shù xué yuàn) 미술대학
社会科学(shè huì kē xué) 사회과학 ｜ 信息科学技术(xìn xī kē xué jì shù) 정보과학기술
新闻传播(xīn wén chuán bō) 신문방송 ｜ 外语(wài yǔ) 외국어

A2

wǒ dú jīn róng xì.
我读金融系。 ▶ 전공은 금융학과예요.
나 공부하다 금융 학과

金融系(jīn róng) 금융학과 ｜ 经济系(jīng jì xì) 경제학과 ｜ 贸易系(mào yì xì) 무역학과
财务管理系(cái wù guǎn lǐ xì) 재무경영학과 ｜ 会计系(kuài jì xì) 회계학과
政治外交系(zhèng zhì wài jiāo xì) 정치외교학과 ｜ 体育系(tǐ yù xì) 체육학과
建筑系(jiàn zhù xì) 건축학과 ｜ 心理系(xīn lǐ xì) 심리학과 ｜ 中医系(zhōng yī xì) 중의학과
药学系(yào xué xì) 약학과 ｜ 护理系(hù lǐ xì) 간호학과 ｜ 设计系(shè jì xì) 디자인학과

A3

wǒ dú zhuān kē xué xiào.
我读专科学校。 ▶ 전문학교에 진학했어요.
나 진학하다 전문학교

专科学校(zhuān kē xué xiào) 전문대학

Q133

nǐ dǎ guò shén me gōng?
你打过什么工?
너 하다 …한 적이 있다 어떤 아르바이트
▶ 어떤 아르바이트를 해봤어요?

过(guò) …한 적이 있다 | 打工(dǎ gōng) 아르바이트를 하다

A1 wǒ méi dǎ guò gōng.
我没打过工。 ▶ 아르바이트를 해본 적이 없어요.
나 없다 하다 …한 적이 있다 아르바이트

A2 jiā jiào.
家教。 ▶ 과외요.
과외

家教(jiā jiào) 과외 | 服务员(fú wù yuán) (서비스업의) 종업원 | 收银员(shōu yín yuán) 계산원
客服(kè fú) 콜 센터 상담원 | 促销人员(cù xiāo rén yuán) 판촉사원
派传单(pài chuán dān) 전단지 배포

A3 wǒ zài chāo shì dǎ guò gōng.
我在超市打过工。 ▶ 슈퍼에서 아르바이트를 해본 적이 있어요.
나 에서 슈퍼 하다 …한 적이 있다 아르바이트

超市(chāo shì) 슈퍼 | 便利店(biàn lì diàn) 편의점 | 餐馆(cān guǎn) 식당
咖啡店(kā fēi diàn) 커피숍 | 加油站(jiā yóu zhàn) 주유소 | 酒吧(jiǔ ba) 바

nǐ dǎ gōng lǚ xíng guò ma?
你打工旅行过吗?
너 아르바이트 여행하다 …한 적이 있다 의문

▶ 워킹홀리데이 경험이 있어요?

打工旅行(dǎ gōng lǚ xíng) = 打工度假(dǎ gōng dù jià) 워킹홀리데이

A1

wǒ dǎ gōng lǚ xíng guò.
我打工旅行过。 ▶ 워킹홀리데이 해본 적이 있어요.
나 아르바이트 여행하다 …한 적이 있다

A2

wǒ zài xīn xī lán dǎ gōng lǚ xíng guò.
我在新西兰打工旅行过。
나 에서 뉴질랜드 아르바이트 여행하다 …한 적이 있다

▶ 뉴질랜드에서 워킹홀리데이 경험이 있어요.

 新西兰(xīn xī lán) 뉴질랜드 | 澳大利亚(ào dà lì yà) 오스트레일리아
加拿大(jiā ná dà) 캐나다 | 意大利(yì dà lì) 이탈리아 | 英国(yīng guó) 영국
法国(fǎ guó) 프랑스 | 瑞典(ruì diǎn) 스웨덴 | 荷兰(hé lán) 네덜란드
智利(zhì lì) 칠레 | 日本(rì běn) 일본

A3

wǒ zài xīn xī lán dǎ gōng lǚ xíng guò yì nián.
我在新西兰打工旅行过一年。
나 에서 뉴질랜드 아르바이트 여행하다 …한 적이 있다 일 년

▶ 뉴질랜드에서 1년 워킹홀리데이를 한 적이 있어요.

135

nǐ xiǎo shí hou xiǎng dāng shén me?
你小时候想当什么?
너 어린 시절 …고 싶다 …되다 뭐
▶ 어렸을 때 뭐가 되고 싶었어요?

小时候(xiǎo shí hou) 어린 시절 ┃ **当**(dāng) …이/가 되다

A1
zú qiú yùn dòng yuán.
足球运动员。 ▶ 축구 선수요.
축구 운동 선수

足球运动员(zú qiú yùn dòng yuán) 축구 선수 ┃ 篮球运动员(lán qiú yùn dòng yuán) 농구 선수
运动员(yùn dòng yuán) 운동 선수 ┃ 棒球选手(bàng qiú xuǎn shǒu) 야구 선수
游泳选手(yóu yǒng xuǎn shǒu) 수영 선수 ┃ 赛车手(sài chē shǒu) 카레이서

A2
wǒ xiǎo shí hòu xiǎng dāng yǔ háng yuán.
我小时候想当宇航员。
나 어린 시절 …고 싶다 …되다 우주비행사

▶ 어렸을 때 우주비행사가 되고 싶었어요.

宇航员(yǔ háng yuán) 우주비행사 ┃ 演员(yǎn yuán) 배우 ┃ 歌手(gē shǒu) 가수
商人(shāng rén) 비즈니스맨 ┃ 医生(yī shēng) 의사 ┃ 护士(hù shi) 간호사

A3
wǒ xiǎo shí hòu xiǎng dāng kē xué jiā.
我小时候想当科学家。 ▶ 어렸을 때 과학자가 되고 싶었어요.
나 어린 시절 …고 싶다 …되다 과학자

科学家(kē xué jiā) 과학자 ┃ 音乐家(yīn yuè jiā) 음악가 ┃ 画家(huà jiā) 화가
作家(zuò jiā) 작가

---

ni xiǎng zuò shén me gōng zuò?

你想做什么工作?

너 …고 싶다 하다 어떤 일

▶ 어떤 일을 하고 싶어요?

1 工作(gōng zuò) 일, 직업, 일하다
2 工作(gōng zuò)는 명사로는 '일, 직업', 동사로는 '일하다'라는 뜻이 있어요.
  여기 질문에서는 명사, A3에서는 동사로 쓰였어요.

A1 **wǒ xiǎng zuò jì zhě.**

我想做记者。 ▶ 기자가 되고 싶어요.

나 …고 싶다 하다 기자

记者(jì zhě) 기자 | 老师(lǎo shī) 교사 | 律师(lǜ shī) 변호사
工程师(gōng chéng shī) 엔지니어 | 会计师(kuài jì shī) 회계사 | 厨师(chú shī) 요리사
咖啡师(kā fēi shī) 바리스타 | 酒店经理(jiǔ diàn jīng lǐ) 호텔 매니저
公务员(gōng wù yuán) 공무원 | 乘务员(chéng wù yuán) 승무원
消防员(xiāo fang yuán) 소방대원 | 模特(mó tè) 모델

A2 **bì yè hòu wǒ xiǎng zuò fáng dì chǎn.**

毕业后我想做房地产。 ▶ 졸업한 후 부동산에서 일하고 싶어요.

졸업하다 후 나 …고 싶다 하다 부동산

房地产(fáng dì chǎn) 부동산 | 建筑业(jiàn zhù yè) 건축업
观光业(guān guāng yè) 관광 산업 | 软件开发(ruǎn jiàn kāi fā) 소프트웨어 개발
互联网营销(hù lián wǎng yíng xiāo) 인터넷 마케팅

A3 **wǒ xiǎng qù yín háng gōng zuò.**

我想去银行工作。 ▶ 은행에서 일하고 싶어요.

나 …고 싶다 가다 은행 일하다

银行(yín háng) 은행 | 酒店(jiǔ diàn) 호텔 | 旅行社(lǚ xíng shè) 여행사
证券公司(zhèng quàn gōng sī) 증권 회사 | 航空公司(háng kōng gōng sī) 항공사
食品公司(shí pǐn gōng sī) 식품 회사 | 广告公司(guǎng gào gōng sī) 광고 회사

137

nǐ xiàn zài zuò shén me gōng zuò?
你现在做什么工作?
너 지금 하다 어떤 일
▶ 지금 어떤 일을 하고 있어요?

A1
wǒ shì zhōng xué lǎo shī.
我是中学老师。 ▶ 중학교 교사예요.
나 이다 중학교 선생

↳ 中学(zhōng xué) 중학교 ┃ 幼儿园(yòu ér yuán) 유치원 ┃ 小学(xiǎo xué) 초등학교
高中(gāo zhōng) 고등학교 ┃ 大学(dà xué) 대학교

A2
wǒ zài mào yì gōng sī shàng bān.
我在贸易公司上班。 ▶ 무역 회사에서 일해요.
나 에서 무역 회사 출근하다

↳ 贸易公司(mào yì gōng sī) 무역 회사 ┃ 上班(shàng bān) 출근하다, 일하다

A3
wǒ kāi le yì jiā xiǎo cān guǎn.
我开了一家小餐馆。 ▶ 작은 식당을 운영하고 있어요.
나 운영하다 완료 한 집 작다 식당

↳ 开(jīng yíng) 오픈하다, 운영하다 ┃ 家(jiā) 집, 식당, 호텔 등을 세는 단위

nǐ gōng zuò jǐ nián le?
你工作几年了?
너 일하다 몇 년 완료/됐다

▶ 일한 지 몇 년 됐어요?

A1

liǎng nián le.
两年了。 ▶ 2년 됐어요.
이 년 완료/됐다

A2

kuài sān nián le.
快三年了。 ▶ 거의 3년 됐어요.
거의 삼 년 완료/됐다

⌐ 快(kuài) 거의

A3

wǒ hái shì xīn rén.
我还是新人。 ▶ 아직 신입 사원이에요.
나 아직 이다 신입 사원

⌐ 新人(xīn rén) 신입 사원

Q139

ní fù mǔ zài nǎ lǐ gōng zuò?

你父母在哪里工作?

너(의) 부 모 에서 어디 일하다

▶ 부모님은 어디서 일하세요?

부모는 父母(fù mǔ)라고 하는데, 爸爸(bà ba)나 妈妈(mā ma)보다 더 격식 있는 표현이에요.

A1
wǒ bà ba zài diàn shì tái gōng zuò.
我爸爸在电视台工作。
나(의) 아빠 에서 방송국 일하다
▶ 아빠는 방송국에서 일하세요.

↳ 电视台(diàn shì tái) 방송국

A2
wǒ mā ma shì jiā tíng zhǔ fù.
我妈妈是家庭主妇。
나(의) 엄마 이다 가정 주부
▶ 엄마는 가정주부세요.

↳ 家庭主妇(jiā tíng zhǔ fù) 가정주부

A3
wǒ fù mǔ zài shàng hǎi zuò shēng yì.
我父母在上海做生意。
나(의) 부 모 에서 상하이 하다 장사
▶ 제 부모님은 상하이에서 사업하세요.

↳ 1 在(zài) …에/에서
2 做生意(zuò shēng yì) 사업하다, 장사를 하다

140

nǐ fù mǔ tuì xiū le ma?
你父母退休了吗?
너(의) 부 모 퇴직하다 완료 의문

▶ 부모님은 퇴직하셨어요?

退休(tuì xiū) 퇴직하다, 은퇴하다

A1

tuì xiū le.
退休了。 ▶ 퇴직하셨어요.
퇴직하다 완료

A2

wǒ bà ba qù nián tuì xiū le.
我爸爸去年退休了。 ▶ 아버지는 작년에 은퇴하셨어요.
나(의) 아빠 작년 퇴직하다 완료

A3

wǒ bà ba yǐ qián shì jì zhě, qù nián tuì xiū le.
我爸爸以前是记者, 去年退休了。
나(의) 아빠 예전 이다 기자 작년 퇴직하다 완료

▶ 아버지가 기자셨는데, 작년에 은퇴하셨어요.

⌐ 以前(yǐ qián) 예전 〈과거 시제의 표현 중 하나〉

연예계 즉문즉답

141

nǐ cháng kàn shén me diàn shì jié mù?

你常看什么电视节目?
너 자주 보다 어떤 TV 프로그램

▶ 어떤 TV 프로그램을 자주 봐요?

电视节目(diàn shì jié mù) TV 프로그램

A1

wǒ cháng kàn zōng yì jié mù.

我常看综艺节目。 ▶ 예능 프로그램을 자주 봐요.
나 자주 보다 예능 프로그램

综艺节目(zōng yì jié mù) 예능 프로 | 新闻(xīn wén) 뉴스 | 纪录片(jì lù piàn) 다큐멘터리
连续剧(lián xù jù) 드라마 | 搞笑节目(gǎo xiào jié mù) 코미디 프로
选秀节目(xuǎn xiù jié mù) 오디션 프로 | 音乐节目(yīn yuè jié mù) 가요 프로
料理节目(liào lǐ jié mù) 요리 프로 | 真人秀(zhēn rén xiù) 리얼리티 프로

A2

ǒu ěr kàn kan lián xù jù.

偶尔看看连续剧。 ▶ 드라마를 가끔씩 봐요.
가끔 보다 드라마

看看(kàn kan) 보다, 살펴보다

A3

wǒ zhǐ kàn tǐ yù pín dào.

我只看体育频道。 ▶ 스포츠 채널만 봐요.
나 만 보다 스포츠 채널

体育频道(tǐ yù pín dào) 스포츠 채널 | 旅游频道(lǚ yóu pín dào) 여행 채널
电影频道(diàn yǐng pín dào) 영화 채널 | 音乐频道(yīn yuè pín dào) 음악 채널

Q 142

nǐ tōng cháng shén me shí hòu kàn diàn shì?

你通常什么时候看电视?
너 보통 언제 보다 TV

▶ 보통 TV는 언제 봐요?

A1

xià bān huí jiā hòu.

下班回家后。 ▶ 퇴근하고 집에 돌아온 후에요.
퇴근하다 돌아가다 집 후

A2

tōng cháng shì shuì jiào qián.

通常是睡觉前。 ▶ 보통 잠자기 전에요.
보통 이다 잠자다 전

A3

wǒ dōu zài tōng qín shí kàn lián xù jù.

我都在通勤时看连续剧。
나 다/많이 에 통근하다 때 보다 드라마

▶ 출퇴근할 때 드라마를 많이 봐요.

通勤时(tōng qín shí) 통근할 때 | 散步时(sàn bù shí) 산책할 때
做家务时(zuò jiā wù shí) 집안일을 할 때

Q143

nǐ qīn yǎn jiàn guò nǎ xiē míng xīng?
你亲眼见过哪些明星?
너 직접 눈 보다 …한 적이 있다 어느 스타

▶ 연예인을 만나 본 적 있어요?

明星(míng xīng) 스타 〈연예인이나 운동 선수도 포함됨〉
艺人(yì rén) 연예인, 탤런트 | 亲眼(qīn yǎn) 직접 눈으로 (보다)

A1

cóng lái méi jiàn guò míng xīng.
从来没见过明星。 ▶ 스타를 본 적이 없어요.
지금까지 없다 보다 …한 적이 있다 스타

↳ 从来没(cóng lái méi)… …한 적이 없다

A2

zài jiē shàng ǒu rán jiàn guò yí cì.
在街上偶然见过一次。 ▶ 거리에서 우연히 한 번 봤어요.
지금까지 거리 우연히 보다 …한 적이 있다 한 번

↳ 街上(jiē shàng) 거리 | 偶然(ǒu rán) 우연히

A3

zài shì yìng shì jiàn guò xuán bīn.
在试映式见过玄彬。 ▶ 시사회에서 현빈을 본 적이 있어요.
에서 시사회 보다 …한 적이 있다 현빈

↳ 试映式(shì yìng shì) 시사회 | 首映式(shǒu yìng shì) 개봉 상영회
记者会(jì zhě huì) 기자회견 | 釜山影展(fǔ shān yǐng zhǎn) 부산영화제
机场(jī chǎng) 공항

---

nǐ xǐ huan nǎ xiē huá rén míng xīng?
你喜欢哪些华人明星?
너 좋아하다 어느 중국계 사람 스타

▶ 중국계 스타 중에 누구를 좋아해요?

华人(huá rén) 중국계 사람

---

wǒ xǐ huan zhōu xīng chí.
我喜欢周星驰。 ▶ 주성치를 좋아해요.
나 좋아하다 주성치

周星驰(zhōu xīng chí) 주성치 │ 梁朝伟(liáng cháo wěi) 양조위 │ 刘德华(liú dé huá) 유덕화
周润发(zhōu rùn fā) 주윤발 │ 甄子丹(zhēn zǐ dān) 견자단 │ 任达华(rèn dá huá) 임달화

---

wǒ xǐ huan tāng wéi, tā qì zhì hěn hǎo.
我喜欢汤唯，她气质很好。
나 좋아하다 탕웨이 그녀 기질 아주 좋다

▶ 탕웨이를 좋아해요. 그녀는 분위기가 정말 좋아요.

1 汤唯(tāng wéi) 탕웨이 │ 张曼玉(zhāng màn yù) 장만옥 │ 范冰冰(fàn bīng bīng) 판빙빙
章子怡(zhāng zǐ yí) 장쯔이 │ 巩俐(gǒng lì) 공리 │ 王菲(wáng fēi) 왕페이
2 气质(qì zhì) 기질, 풍채

---

méi tè bié xǐ huan de.
没特别喜欢的。 ▶ 특별히 없어요.
없다 특별히 좋아하다 의

145

nǐ xǐ huan shén me lèi xíng de yīn yuè?

你喜欢什么类型的音乐?

나 좋아하다 어떤 유형 의 음악

▶ 어떤 음악을 좋아해요?

类型(lèi xíng) 타입, 유형

A1

liú xíng yuè.

流行乐。 ▶ 팝이요.
팝

流行乐(liú xíng yuè) 팝 뮤직 | 韩国演歌(hán guó yǎn gē) 트로트
摇滚乐(yáo gǔn yuè) 록 음악 | 古典乐(gǔ diǎn yuè) 클래식 음악
重金属(zhòng jīn shǔ) 헤비메탈 | 爵士乐(jué shì yuè) 재즈

A2

wǒ xǐ huan mín yáo hé jué shì yuè.

我喜欢民谣和爵士乐。 ▶ 민요와 재즈를 좋아해요.
나 좋아하다 민요 와 재즈

民谣(mín yáo) 민요

A3

wǒ xǐ huan néng lìng rén fàng sōng de yīn yuè.

我喜欢能令人放松的音乐。
나 좋아하다 can 느슨하게 하는 음악

▶ 편안하게 해주는 음악을 좋아해요.

放松(fàng sōng) 느슨하다, 느슨하게 하다 → 令人放松的(lìng rén fàng sōng de) 편한, 느슨한

nǐ xǐ huan de gē shǒu huò yuè duì yǒu nǎ xiē?
你喜欢的歌手或乐队有哪些?

너 좋아하다 의 가수 혹은 밴드 있다 어떤

▶ 좋아하는 가수나 밴드는 누구예요?

歌手(gē shǒu) 가수 ┃ **乐队**(yuè duì) 밴드

A1

wǒ xǐ huan yǐn dào xián de yuè duì.
我喜欢尹道贤的乐队。 ▶ 윤도현밴드를 좋아해요.

나 좋아하다 윤도현 의 밴드

尹道贤的乐队(yǐn dào xián de yuè duì) YB ┃ 摇滚乐队(yáo gǔn yuè duì) 록 밴드
独立乐队(dú lì yuè duì) 인디 밴드

A2

wǒ shì nán tuán Big Bang de fěn sī.
我是男团BigBang的粉丝。 ▶ 빅뱅의 팬이에요.

나 이다 남자 그룹 Big Bang 의 팬

男团(nán tuán) 남자 그룹 ┃ 女团(nǚ tuán) 여자 그룹 ┃ 粉丝(fěn sī) 팬

A3

wǒ xǐ huan néng chàng néng tiào de xuàn yǎ.
我喜欢能唱能跳的泫雅。

나 좋아하다 can 노래하다 can 춤추다 의 현아

▶ 노래도 잘하고 춤도 잘 추는 현아를 좋아해요.

能唱能跳(néng chàng néng tiào) 노래도 잘하고 춤도 잘 추다 ┃ 泫雅(xuàn yǎ) 현아

147

nǐ dōu kàn guò shuí de yǎn chàng huì?
你都看过谁的演唱会？
너 다 보다 …한적이있다 누구 의 콘서트

▶ 누구 콘서트를 가본 적이 있어요?

演唱会(yǎn chàng huì) 콘서트

A1

kàn guò yí cì shǎo nǚ shí dài de yǎn chàng huì.
看过一次少女时代的演唱会。
보다 …한적이있다 한 번 소녀시대 의 콘서트

▶ 소녀시대의 콘서트를 한 번 본 적이 있어요.

 少女时代(shǎo nǚ shí dài) 소녀시대

A2

rèn zǎi fàn, tā de gē shēng hěn dú tè.
任宰范，他的歌声很独特。
임재범 그 의 음색 아주 독특하다

▶ 임재범이요. 그의 음색이 정말 독특해요.

 1 任宰范(rèn zǎi fàn) 임재범 ┃ 徐太志(xú tài zhì) 서태지 ┃ 朴正炫(piáo zhèng xuàn) 박정현
2 歌声(gē shēng) 음색 ┃ 歌曲(gē qǔ) 노래 ┃ 风格(fēng gé) 풍격, 스타일
独特(dú tè) 독특하다

A3

wǒ zài xiāng gǎng kàn guò chén yì xùn de yǎn chàng huì.
我在香港看过陈奕迅的演唱会。
나 에서 홍콩 보다 …한적이있다 진혁신 의 콘서트

▶ 홍콩에서 진혁신의 콘서트를 본 적이 있어요.

陈奕迅(chén yì xùn) 진혁신

Q148

nǐ zuì jìn kàn guò nǎ xiē lián xù jù?

你最近看过哪些连续剧？
너 요즘 보다 -한적이있다 어떤 드라마

▶ 요즘 드라마를 본 적이 있어요?

连续剧(lián xù jù) 드라마 | **韩剧**(hán jù) 한국 드라마 | **日剧**(rì jù) 일본 드라마
美剧(měi jù) 미국 드라마

A1

zuì jìn méi kàn lián xù jù.

最近没看连续剧。 ▶ 요즘엔 드라마를 잘 안 봐요.
요즘 못하다 보다 드라마

A2

jiǔ huí shí jiān lǚ xíng, hěn yǒu qù.

《九回时间旅行》，很有趣。 ▶ 〈나인〉이요. 정말 재밌어요.
아홉 번 시간 여행 아주 있다 재미

九回时间旅行(jiǔ huí shí jiān lǚ xíng) 나인: 아홉 번의 시간여행 | 有趣(yǒu qù) 재미있다
穿越剧(chuān yuè jù) 시간여행 드라마

A3

zuì jìn kàn le wèi shēng, gǎn chù hěn shēn.

最近看了《未生》，感触很深。
요즘 보다 완료 미생 감동 아주 깊다

▶ 요즘 〈미생〉을 봤어요. 아주 감동적이었어요.

未生(wèi shēng) 미생 | 感触(gǎn chù) 감동, 느낌 | 深(shēn) 깊다

Q149

nǐ yǒu méi yǒu xǐ huan de yǎn yuán?

你有没有喜欢的演员?

너 있다 없다 좋아하다 의 배우

▶ 좋아하는 배우가 있어요?

演员(yǎn yuán) 배우

A1

yǒu, wǒ tè xǐ huan jǐ ge diàn yǐng pèi jué.

有，我特喜欢几个电影配角。

있다 나 특별히 좋아하다 몇 명 영화 조연

▶ 있어요. 영화 속 조연 배우 몇 명을 특히 좋아해요.

配角(pèi jué) 조연 ｜ 主角(zhǔ jué) 주연

A2

nǚ yǎn yuán wǒ zuì xǐ huan quán zhì xián.

女演员我最喜欢全智贤。

여배우 나 가장 좋아하다 전지현

▶ 여배우 중에 전지현을 가장 좋아해요.

全智贤(quán zhì xián) 전지현 ｜ 全度妍(quán dù yán) 전도연 ｜ 金仑珍(jīn lún zhēn) 김윤진
金憓秀(jīn huì xiù) 김혜수 ｜ 河智苑(hé zhì yuàn) 하지원 ｜ 宋慧教(sòng huì jiào) 송혜교

A3

huáng zhèng mín, tā de yǎn jì hěn bàng.

黄正民，他的演技很棒。

황정민 그 의 연기력 잘하다

▶ 황정민이요. 그는 연기력이 대단해요.

1 黄正民(huáng zhèng mín) 황정민 ｜ 崔岷植(cuī mín zhí) 최민식
李政宰(lǐ zhèng zǎi) 이정재 ｜ 河正宇(hé zhèng yǔ) 하정우
柳承龍(liǔ chéng lóng) 류승룡 ｜ 李善均(lǐ shàn jūn) 이선균
2 演技(yǎn jì) 연기력 ｜ 很棒(hěn bàng) 잘하다, 짱이다

150

nǐ zuì xǐ huan de hán guó diàn yǐng shì nǎ bù?

你最喜欢的韩国电影是哪部?

너 가장 좋아하는 의 한국 영화 이다 어떤 부

▶ 가장 좋아하는 한국 영화가 뭐예요?

韩国电影(hán guó diàn yǐng) 한국 영화 | **部**(bù) 영화, 드라마 등을 세는 단위

A1

fèng jùn hào zhí dǎo de   shā rén huí yì.

奉俊昊执导的《杀人回忆》。

봉준호   연출하다   의   살인의 추억

▶ 봉준호 (감독이) 연출한 〈살인의 추억〉이요.

奉俊昊(fèng jùn hào) 봉준호 | 执导(zhí dǎo) 연출하다 | 杀人回忆(shā rén huí yì) 살인의 추억

A2

sòng kāng hào zhǔ yǎn de   biàn hù rén.

宋康昊主演的《辩护人》。

송강호   주연하다   의   변호인

▶ 송강호가 주연한 〈변호인〉이요.

宋康昊(sòng kāng hào) 송강호 | 主演(zhǔ yǎn) 주연하다 | 辩护人(biàn hù rén) 변호인

A3

zhǐ yào shì piáo zàn yù de zuò pǐn dōu xǐ huan.

只要是朴赞郁的作品都喜欢。

…(이)라면   박찬욱   의 작품 다 좋아하다

▶ 박찬욱 (감독의) 작품이라면 다 좋아해요.

只要是(zhǐ yào shì)…都(dōu)… …(이)라면 다 | 朴赞郁(piáo zàn yù) 박찬욱

151

nǐ chū liàn shì shén me shí hou?
你初恋是什么时候?
너　첫사랑　이다　언제

▶ 첫사랑은 언제였어요?

初恋(chū liàn) 첫사랑 ｜ 初恋情人(chū liàn qíng rén) 첫 애인

A1

chū zhōng sān nián jí de shí hou.
初中三年级的时候。▶ 중학교 3학년 때요.
중학교　3　학년　의　때

↳ 初中(chū zhōng) 중학교 ｜ 高中(gāo zhōng) 고등학교 ｜ 小学(xiǎo xué) 초등학교
大学(dà xué) 대학교

A2

wǒ èr shí suì cái chū liàn.
我二十岁才初恋。▶ 스무 살이 되어서야 첫사랑을 했어요.
나　스무 살　되어서야　첫사랑

↳ 才(cái)는 '이제서야, …서야 비로소'라는 뜻으로 어떤 일의 발생이나 결말이 늦음을 나타내요.
반대로 '일찍'이라고 표현하고 싶다면 "十一岁就有了初恋(shí yī suì jiù yǒu le chū liàn)。
열한 살 때 바로/일찍 첫사랑을 했어요."라고 말하면 돼요.

A3

jì bù dé le.
记不得了。▶ 기억이 안 나요.
기억 못하다　완료

↳ 记得(jì dé) 기억이 나다 → 记不得(jì bù dé) 잊어버리다, 기억을 못하다

152

nǐ de chū liàn duì xiàng shì shuí?
你的初恋对象是谁?
너 의 첫사랑 상대 이다 누구

▶ 첫사랑은 누구였어요?

对象(duì xiàng) 상대

A1
chū zhōng shù xué lǎo shī.
初中数学老师。 ▶ 중학교 때 수학 선생님이요.
중학교 수학 선생

A2
chū liàn shì dà xué xué jiě.
初恋是大学学姐。 ▶ 첫사랑은 대학교 선배 누나예요.
첫사랑 이다 대학교 선배 누나

学姐(xué jiě) 선배 누나/언니 ┃ 学长(xué zhǎng) 선배 형/오빠
学妹(xué mèi) 후배 여동생 ┃ 学弟(xué dì) 후배 남동생

A3
yì qǐ dǎ gōng de péng yǒu.
一起打工的朋友。 ▶ 같이 아르바이트를 한 친구예요.
같이 아르바이트하다 의 친구

一起(yì qǐ) 같이, 함께 ┃ 打工(dǎ gōng) 아르바이트하다, 일하다 ┃ 朋友(péng yǒu) 친구

153

hòu lái zěn me yàng le?
后来怎么样了?
그 후   어떻다   완료

▶ 그 후에 어떻게 됐어요?

后来(hòu lái) 그 후, 나중에 │ **怎么样**(zěn me yàng) 어떻다

A1

wǒ zhǐ shì dān liàn ér yǐ.
我只是单恋而已。 ▶ 그저 짝사랑일 뿐이에요.
나   다만   짝사랑   뿐이다

单恋(dān liàn) 짝사랑 │ 而已(ér yǐ) …뿐이다

A2

hòu lái gào bái shī bài le.
后来告白失败了。 ▶ 그 후에 고백했는데 잘 안 됐어요.
그 후   고백하다   실패하다   완료

告白(gào bái) 고백하다 │ 失败(shī bài) 실패하다

A3

jiāo wǎng hòu yòu fēn shǒu le.
交往后又分手了。 ▶ 사귀다가 헤어졌어요.
사귀다   후   또   헤어지다   완료

交往(jiāo wǎng) 사귀다, 왕래하다 │ 分手(fēn shǒu) 헤어지다

154

ní lǐ xiǎng xíng shì shén me yàng de?
你理想型是什么样的?
너 이상형 이다 어떤 타입 의

▶ 이상형은 어떤 사람이에요?

理想型(lǐ xiǎng xíng) 이상형

A1

yǒu qù yòu cōng ming de rén.
有趣又聪明的人。 ▶ 재미있고 똑똑한 사람이요.
재미있다 또한 똑똑하다 의 사람

有趣(yǒu qù) 재미있다 | 聪明(cōng ming) 똑똑하다 | 老实(lǎo shi) 성실하다
长得帅(zhǎng de shuài) 잘생기다 | 有能力(yǒu néng lì) 능력이 있다
果断(guǒ duàn) 결단력이 있다 | 有责任感(yǒu zé rèn gǎn) 책임감이 있다

A2

piào liang de nǚ hái zi.
漂亮的女孩子。 ▶ 예쁜 여자요.
예쁘다 의 젊은 여자

漂亮(piào liang) 예쁘다 | 温柔(wēn róu) 부드럽다 | 善良(shàn liáng) 착하다
可爱(kě ài) 귀엽다 | 有个性(yǒu gè xing) 개성 있다 | 身材好(shēn cái hǎo) 몸매가 좋다

A3

nuǎn nán xíng de.
暖男型的。 ▶ 훈남 타입이요.
훈남 타입 의

1 暖男(nuǎn nán) 훈남 | 坏男人(huài nán rén) 나쁜 남자
2 阳光男孩(yáng guāng nán hái) 밝고 건강한 남자
3 여자의 경우는 男(nán)을 女(nǚ)로 바꿔서 말해도 돼요.

Q55

jiāo wǎng de huà　　　nián líng chā yǒu guān xi ma?
交往的话，年龄差有关系吗？
사귀다 …하다면　　나이　　차　있다　상관　　의문

▶ 사귄다면 나이 차는 상관있어요?

年龄差(nián líng chā) 나이 차 ┃ **有关系**(yǒu guān xi) 상관있다

A1　méi guān xi.
没关系。 ▶ 상관없어요.
없다　상관

↳ 没关系(méi guān xi) 상관없다, 괜찮다

A2　chà shí suì yǐ nèi méi guān xi.
差十岁以内没关系。 ▶ 열 살 정도까지는 괜찮아요.
차이가 나다 열 살 이내　　없다　상관

↳ 差(chà) 차이가 나다 〈동사〉 / 差(chā) 차이 〈명사〉
以内(yǐ nèi) 이내

A3　hé de lái jiù hǎo.
合得来就好。 ▶ 마음이 맞으면 돼요.
마음이 맞다　…면 되다

↳ 合得来(hé de lái) 마음이 맞다 ┃ …就好(jiù hǎo) …면 되다, 괜찮다

156

ní xiāng qīn guò ma?
你相亲过吗? ▶ 맞선을 본 적 있어요?
너 맞선을 보다 …한 적이 있다 의문

相亲(xiāng qīn) 맞선을 보다 │ **一对一介绍**(yī duì yī jiè shào) 소개팅
联谊(lián yì) 미팅 │ **约会**(yuē huì) 데이트, 데이트하다

A1
xiàng qīn guò yí cì.
相亲过一次。 ▶ 맞선을 한 번 봤어요.
맞선을 보다 …한 적이 있다 한 번

A2
hái méi, dàn wǒ mā yào wǒ qù xiāng qīn.
还没，但我妈要我去相亲。
아직 없다 그런데 나 엄마 요구하다 나 가다 맞선을 보다

▶ 아직은 없지만, 엄마가 맞선을 보라고 하세요.

A3
wǒ cān jiā guò dān shēn jù huì.
我参加过单身聚会。 ▶ 미팅에 나가 본 적이 있어요.
나 참가하다 …한 적이 있다 싱글 모임

参加(cān jiā) 참가하다, 가입하다 │ **单身聚会**(dān shēn jù huì) 싱글 모임, 미팅
盲目约会(máng mù yuē huì) 블라인드 데이트 │ **速配约会**(sù pèi yuē huì) 스피드 데이트
八分钟约会(bā fēn zhōng yuē huì) 8분 데이트 〈중국에서 유행하는 미팅 방식〉

157

nǐ yǒu jiāo wǎng duì xiàng ma?
你有交往对象吗?
너 있다 사귀다 상대 의문

▶ 사귀는 사람이 있어요?

A1

méi yǒu. dàn yǒu xǐ huan de rén.
没有，但有喜欢的人。
없다 그런데 있다 좋아하다 의 사람

▶ 사귀는 사람은 없는데, 마음 가는 사람은 있어요.

A2

yǒu, jiāo wǎng liǎng nián le.
有，交往两年了。
있다 사귀다 2 년 완료

▶ 있어요. 사귄 지 2년 됐어요.

A3

wǒ dǎ cóng niáng tāi jiù méi tán guò liàn ài.
我打从娘胎就没谈过恋爱。
나 …로부터 모태 강조 못하다 …적이 있다 연애

▶ 난 모태솔로예요.

 打从(dǎ cóng) …로부터 │ 娘胎(niáng tāi) 모태
谈恋爱(tán liàn ài) 연애하다 → 谈过恋爱(tán guò liàn ài) 연애한 적이 있다

158

zěn me rèn shi de?
怎么认识的？ ▶ 어디서 알게 됐어요?
어떻게   알다   강조

1 认识(rèn shi) 알다, 만나다
2 …的(de)는 동사 뒤에 올 때 이 동작을 하는 사람이나 방식, 지점 등을 강조해요.

A1

péng yǒu jiè shào de.
朋友介绍的。 ▶ 친구에게 소개받아서요.
친구   소개하다   강조

┗ 介绍(xīn wén) 소개하다

A2

zài kā fēi diàn rèn shi de.
在咖啡店认识的。 ▶ 커피숍에서 만났어요.
에서 커피숍   알다   강조

┗ 咖啡店(kā fēi diàn) 커피숍 │ 社团(shè tuán) 동아리 │ 学校(xué xiào) 학교
国外(guó wài) 해외

A3

wǒ men cóng xiǎo jiù rèn shi,   rì jiǔ shēng qíng.
我们从小就认识，日久生情。
우리 어릴 때부터 벌써 알다   시일 오래 지나다 생기다 정

▶ 어려서부터 아는 사이였는데, 시간이 지나면서 정이 들었어요.

┗ 日久生情(rì jiǔ shēng qíng) 시간이 지나 정이 생기다
↔ 一见钟情(yí jiàn zhōng qíng) 첫눈에 반하다

Q159

nǐ rèn wéi jiāo wǎng yí dìng yào jié hūn ma?

你认为交往一定要结婚吗？

너 생각하다 사귀다 꼭 …해야 하다 결혼하다 의문

▶ **사귀면 결혼해야 한다고 생각해요?**

认为(rèn wéi) 생각하다, 보다 | **一定要**(yí dìng yào) 꼭 …해야 하다
结婚(jié hūn) 결혼하다

A1

bù yí dìng.

不一定。 ▶ 꼭 그럴 필요는 없어요.

반드시 …할 필요는 없다

不一定(bù yí dìng) 반드시 …할 필요는 없다, 확실한 것은 아니다

A2

xiǎng shòu liàn ài bǐ jiào zhòng yào.

享受恋爱比较重要。 ▶ 연애를 즐기는 게 더 중요해요.

즐기다 연애 더 중요하다

享受(xiǎng shòu) 즐기다

A3

néng jié hūn shì zuì hǎo.

能结婚是最好。 ▶ 결혼할 수 있다면 가장 좋죠.

can 결혼하다 이다 가장 좋다

…**最好**(zuì hǎo) …(면) 가장 좋다

160

nǐ duì jié hūn yǒu shén me xiǎng fǎ?
你对结婚有什么想法?
너 …에 대해 결혼 있다 어떤 생각

▶ 결혼에 대해 어떻게 생각해요?

对(duì) …에 대해 | **想法**(xiǎng fǎ) 생각, 의견, 견해

A1

méi shén me xiǎng fǎ.
没什么想法。 ▶ 별 생각이 없어요.
없다 별 생각

A2

wǒ xiǎng zǎo diǎn jié hūn.
我想早点结婚。 ▶ 빨리 결혼하고 싶어요.
나 원하다 빨리 결혼하다

1 早点(zǎo diǎn) 빨리, 일찍 | 晚点(wǎn diǎn) 늦게
2 嫁人(jià rén) 시집가다 | 娶媳妇(qǔ xí fu) 장가들다

A3

jié bù jié hūn dōu wú suǒ wèi.
结不结婚都无所谓。 ▶ 결혼하든 안 하든 상관없어요.
결혼 안 결혼하다 다 상관없다

无所谓(wú suǒ wèi) 상관없다

Q 161

nǐ kāi chē shàng bān ma?
你开车上班吗？ ▶ 차로 출근해요?
너 몰다 차 출근하다 의문

开车(kāi chē) 차를 몰다, 운전하다

A1

bù, wǒ zuò dì tiě shàng bān.
不，我坐地铁上班。 ▶ 아뇨, 지하철로 출근해요.
아니다 나 타다 지하철 출근하다

> 地铁(dì tiě) 지하철 | 轻轨(qīng guǐ) 경전철 | 火车(huǒ chē) 기차
> 出租车(chū zū chē) 택시
> 公交车 / 公共汽车(gōng jiāo chē / gōng gòng qì chē) 버스
> 骑自行车(qí zì xíng chē) 자전거를 타다 | 走路(zǒu lù) 걷다, 도보

A2

yǒu shí kāi chē, yǒu shí zuò dì tiě.
有时开车，有时坐地铁。
어떤 때 몰다 차 어떤 때 타다 지하철

> ▶ 어떤 때는 차로 가고, 어떤 때는 지하철을 타요.

A3

zhǐ yǒu xià yǔ shí huì kāi chē.
只有下雨时会开车。 ▶ 비가 올 때만 차로 가요.
오직 내리다 비 때 will 몰다 차

> 下雨(xià yǔ) 비가 내리다

162

nǐ jīng cháng zuò dì tiě ma?
你经常坐地铁吗?
너 자주 타다 지하철 의문

▶ 지하철을 자주 타요?

A1

duì, wǒ jīng cháng zuò dì tiě.
对，我经常坐地铁。 ▶ 네, 지하철을 자주 타요.
맞다 나 자주 타다 지하철

A2

bù, wǒ ǒu ěr cái zuò dì tiě.
不，我偶尔才坐地铁。 ▶ 아니요, 가끔씩만 타요.
아니다 나 가끔 만 타다 지하철

 偶尔(ǒu ěr) 가끔 │ 才(cái) 고작, …(때)만

A3

wǒ hěn shǎo zuò dì tiě.
我很少坐地铁。 ▶ 지하철을 잘 안 타요.
나 드물게 타다 지하철

 很少(hěn shǎo) (1) 드물게, 고작 (2) (수량) 아주 적다

163

nǐ xǐ huan zuò shén me jiāo tōng gōng jù?
你喜欢坐什么交通工具?
너 좋아하다 타다 어떤 교통수단

▶ 어떤 교통수단을 좋아해요?

交通工具(jiāo tōng gōng jù) 교통수단

A1

wǒ xǐ huan zuò huǒ chē.
我喜欢坐火车。 ▶ 기차 타는 거 좋아해요.
나 좋아하다 타다 기차

火车(huǒ chē) 기차 | 地铁(dì tiě) 지하철 | 出租车(chū zū chē) 택시 | 船(chuán) 배
公交车 / 公共汽车(gōng jiāo chē /gōng gòng qì chē) 버스 | 飞机(fēi jī) 비행기
汽车(qì chē) 자동차 | 骑自行车(qí zì xíng chē) 자전거를 타다

A2

wǒ xǐ huan zì jǐ kāi chē.
我喜欢自己开车。 ▶ 직접 운전하는 거 좋아해요.
나 좋아하다 스스로 몰다 차

自己(zì jǐ) 스스로, 자신

A3

gōng jiāo chē, yīn wèi chē fèi hěn pián yí.
公交车，因为车费很便宜。 ▶ 버스요. 요금이 싸니까요.
버스 왜냐하면 차 요금 매우 싸다

因为(yīn wèi) 왜냐하면 | 车费(chē fèi) 차비, 요금 | 便宜(pián yí) 싸다

164

nán dà mén zuò dì tiě zěn me qù?

南大门坐地铁怎么去?

남대문　　타다　지하철　　어떻게　　가다

▶ 지하철로 남대문을 어떻게 가죠?

南大门(nán dà mén) 남대문

A1

zuò dào huì xián zhàn.

坐到会贤站。 ▶ 회현역까지 타고 가요.

타다 …까지 회현 역

会贤站(shù xué zhàn) 회현역 ｜ 明洞站(míng dòng zhàn) 명동역
首尔站(shǒu ěr zhàn) 서울역 ｜ 新村站(xīn cūn zhàn) 신촌역 ｜ 梨大站(lí dà zhàn) 이대역
弘大站(hóng dà zhàn) 홍대역 ｜ 市厅站(shì tīng zhàn) 시청역
蚕室站(cán shì zhàn) 잠실역 ｜ 江南站(jiāng nán zhàn) 강남역

A2

zài huì xián zhàn xià chē jiù kě yǐ le.

在会贤站下车就可以了。 ▶ 회현역에서 내리면 돼요.

에서 회현 역 내리다 차 …하면 되다

1 下车(xià chē) 차에서 내리다 ｜ 上车(shàng chē) 차에 오르다
2 …就可以了(jiù kě yǐ le) …하면 되다

A3

chéng sì hào xiàn zài huì xián zhàn xià chē.

乘四号线在会贤站下车。 ▶ 4호선을 타서 회현역에서 내려요.

타다 4 호 선 에서 회현 역 내리다 차

1 乘(chéng) 타다, 오르다 ｜ 四号线(sì hào xiàn) 4호선
2 乘(chéng)은 坐(zuò)보다 더 격식을 차린 말이에요.

165

cháng tú gāo sù bā shì zài nǎ zuò?

长途高速巴士在哪坐?

장거리 고속 버스 에서 어디 타다

▶ **고속버스는 어디서 타요?**

长途巴士(cháng tú bā shì) 장거리 버스 | **高速巴士**(gāo sù bā shì) 고속버스
夜行巴士(yè xíng bā shì) 심야버스 | **观光巴士**(guān guāng bā shì) 관광버스
机场巴士(jī chǎng bā shì) 공항버스

A1 gāo sù bā shì kè yùn zhàn.

高速巴士客运站。 ▶ 고속버스 터미널이요.
고속 버스 터미널

┗ 高速巴士客运站(gāo sù bā shì kè yùn zhàn) 고속버스 터미널
市外巴士客运站(shì wài bā shì kè yùn zhàn) 시외버스 터미널

A2 gāo sù bā shì kè yùn zhàn, huò zhě dōng shǒu ěr zōng hé kè yùn zhàn.

高速巴士客运站，或者东首尔综合客运站。
고속 버스 터미널 혹은 동서울 종합 터미널

▶ **고속버스 터미널이나 동서울 종합터미널이요.**

┗ 东首尔综合客运站(dōng shǒu ěr zōng hé kè yùn zhàn) 동서울 종합터미널
首尔南部客运站(shǒu ěr nán bù kè yùn zhàn) 서울남부 터미널

A3 zài gāo sù bā shì kè yùn zhàn dā chéng.

在高速巴士客运站搭乘。 ▶ 고속버스 터미널에서 탑승해요.
에서 고속 버스 터미널 탑승하다

┗ 搭乘(dā chéng) = 乘(chéng) 탑승하다

166

chūn jié zuò shén me jiāo tōng gōng jù huí jiā?
春节坐什么交通工具回家?
춘절　　　타다　어떤　　　　교통　　　수단　　　　돌아가다 집

▶ 춘절 때 뭐 타고 집에 가요?

春节(chūn jié) 춘절, 설날 | 回家(huí jiā) 귀가하다

A1

zhǔ yào zuò cháng tú bā shì.
主要坐长途巴士。 ▶ 주로 장거리 버스를 타요.
주로　　　타다　장거리　　버스

主要(zhǔ yào) 주로

A2

wǒ měi nián dōu kāi chē huí jiā.
我每年都开车回家。 ▶ 매년 차를 운전해서 집에 가요.
나　매년　　다　몰다 차　돌아가다 집

每年(měi nián) 매년

A3

zhǐ yào néng huí jiā. shén me dōu zuò.
只要能回家, 什么都坐。 ▶ 집에만 갈 수 있다면 뭐든 타요.
…하기만 하면 can 돌아가다 집　　뭐든지　　타다

只要(zhǐ yào) …하기만 하면 | 什么都(shén me dōu) 어떤 것이라도, 뭐든지

chē chéng duō jiǔ?
车程多久？ ▶ 시간이 얼마나 걸려요?
주행 거리   얼마   동안

车程(chē chéng) 주행 거리/시간 ┃ **航程**(háng chéng) 비행 거리/시간

A1   yì zhěng tiān.
一整天。 ▶ 하루 종일이요.
하루 종일

┗ 一整天(yì zhěng tiān) 하루 종일 ┃ 半天(bàn tiān) 한나절

A2   zuò huǒ chē yào liǎng tiān yí yè.
坐火车要两天一夜。 ▶ 기차를 타면 1박 2일 걸려요.
타다 기차 걸리다2 일 1 박

┗ 两天一夜(liǎng tiān yí yè) 1박 2일

A3   zuò gāo tiě yào sān ge xiǎo shí.
坐高铁要三个小时。 ▶ 고속철도를 타면 세 시간 걸려요.
타다 고속철도 걸리다3 개 시간

┗ 高铁(gāo tiě) = 高速铁路(gāo sù tiě lù) 고속철도

cóng shǒu ěr dā gāo tiě dào fǔ shān yào duō jiǔ?

从首尔搭高铁到釜山要多久?

에서 서울 타다 고속철도 까지 부산 걸리다 얼마 동안

▶ 서울에서 부산까지 고속철도를 타고 얼마나 걸려요?

A1

liǎng ge bàn xiǎo shí.

两个半小时。 ▶ 두 시간 반이요.

2 개 반 시간

A2

chà bù duō liǎng ge bàn xiǎo shí.

差不多两个半小时。 ▶ 대략 두 시간 반이요.

대략 2 개 반 시간

差不多(chà bù duō) 대략

A3

chē chéng píng jūn shì liǎng xiǎo shí wǔ shí fèn.

车程平均是两小时五十分。

주행 거리 평균적 이다 2 시간 50 분

▶ 시간은 평균 두 시간 오십 분 걸려요.

平均(píng jūn) 평균적인, 평균하다

169

zěn yàng cóng shǒu ěr chū fā dào jì zhōu dǎo?

怎样从首尔出发到济州岛？
어떻게   에서   서울   출발하다   까지   제주도

▶ 서울에서 제주도까지 어떻게 가요?

出发(chū fā) 출발하다 | 济州岛(jì zhōu dǎo) 제주도

A1

zuò fēi jī.

坐飞机。 ▶ 비행기를 타요.
타다 비행기

A2

nǐ kě yǐ zuò chuán, huò zhě zuò fēi jī.

你可以坐船，或者坐飞机。 ▶ 배로 가거나 비행기를 타요.
너 …해도 되다 타다 배   혹은   타다 비행기

A3

zài jīn pǔ jī chǎng dā chéng guó nèi háng bān.

在金浦机场搭乘国内航班。 ▶ 김포공항에서 국내선을 타요.
에서 김포   공항   탑승하다 국내선

国内航班(guó nèi háng bān) 국내선 | 国际航班(guó jì háng bān) 국제선

cóng rén chuān jī chǎng fēi dào běi jīng xū yào
从仁川机场飞到北京需要
에서 인천 공항 비행 까지 베이징 걸리다

jǐ ge xiǎo shí?
几个小时?
몇 개 시간

▶ 인천공항에서 베이징까지 비행 시간이 얼마나 걸려요?

A1
dà yuē liǎng ge xiǎo shí.
大约两个小时。 ▶ 두 시간 정도요.
대략 2 개 시간

↳ 大约(kē xué) = 差不多(chà bù duō) 대략, 얼추

A2
háng chéng dà yuē liǎng ge xiǎo shí.
航程大约两个小时。 ▶ 비행 시간이 두 시간 정도예요.
비행 시간 대략 2 개 시간

A3
hěn kuài, zhǐ yào liǎng ge xiǎo shí.
很快，只要两个小时。 ▶ 빨라요. 두 시간 만에 가요.
아주 빠르다 만 걸리다 2 개 시간

↳ 只要(zhǐ yào) …만 필요하다

공항

仁川机场(rén chuān jī chǎng) 인천공항	金浦机场(jīn pǔ jī chǎng) 김포공항
金海机场(jīn hǎi jī chǎng) 김해공항	
北京首都机场(běi jīng shǒu dū jī chǎng) 베이징 수도공항	
上海浦东机场(shàng hǎi pǔ dōng jī chǎng) 상하이 푸동공항	

171

wéi, qǐng wèn shì liú mǐn jiā ma?
喂，请问是刘敏家吗？
여보세요 실례지만 이다 류민(의) 집 의문

▶ 여보세요, 류민 집이죠?

喂(wéi) 여보세요

A1

wǒ jiù shì.
我就是。 ▶ 네. 저예요.
나 바로 이다

↳ **就**(jiù) 바로

A2

bú shì, nǐ dǎ cuò le.
不是，你打错了。 ▶ 아녜요. 전화 잘못 거셨어요.
아니다 너 걸다 틀리다 완료

A3

qǐng shāo děng, wǒ ràng tā jiē diàn huà.
请稍等，我让她接电话。 ▶ 잠깐만 기다려요. 바꿔 줄게요.
please 잠깐 기다리다 나 시키다 그녀 받다 전화

↳ **稍等**(shāo děng) 잠깐만 | **让**(ràng) …하게 하다, 시키다 | **接电话**(jiē diàn huà) 전화를 받다

172

nǐ gěi tā (tā) dǎ shǒu jī le ma?
你给他(她)打手机了吗?
너 에게 그 그녀 걸다 휴대전화 완료 의문

▶ 휴대전화로 전화해 봤어요?

A1

dǎ le, dàn méi jiē.
打了，但没接。 ▶ 네. 그런데 안 받아요.
걸다 완료 그런데 안 받다

A2

dǎ le, dàn tā guān jī le.
打了，但他关机了。 ▶ 네. 그런데 전화기가 꺼져 있어요.
걸다 완료 그런데 그 꺼지다 전화기 완료

 关机(guān jī) 휴대전화를 끄다, 전원을 끄다

A3

méi dǎ. wǒ bù zhī dào tā de shǒu jī hào.
没打。我不知道他的手机号。
못하다 걸다 나 모르다 그 의 휴대전화 번호

▶ 아니요. 휴대전화 번호를 몰라요.

173

nǐ tīng de qīng wǒ de huà ma?

你听得清我的话吗?

너 듣다 조사 잘 나 의 말 의문

▶ 제 말 잘 들리세요?

听得清(tīng de qīng) 잘 들리다

 A1

tīng qīng le.

听清了。 ▶ 잘 들었어요.

듣다 잘 되다

 听清(tīng qīng) 잘 듣다

A2

duì bù qǐ,   wǒ méi tīng qīng.

对不起，我没听清。 ▶ 죄송하지만, 못 알아듣겠어요.

죄송하다   나 못 듣다 분명하다

A3

néng zài shuō yí cì ma?

能再说一次吗? ▶ 다시 한 번 말씀해 주시겠어요?

can 다시 말하다 한 번 의문

---

nǐ shì nǎ wèi?
你是哪位? ▶ 누구세요?
너 이다 어느 분

哪位(nǎ wèi) 어느 분 〈'누구'라는 뜻의 谁(shuí)보다 더 예의를 갖춘 말〉

A1

wǒ shì mín yǒu.
我是民友。 ▶ 민우예요.
나 이다 민우

A2

wǒ shì liú mǐn de péng yǒu.
我是刘敏的朋友。 ▶ 류민 친구예요.
나 이다 류민 의 친구

A3

kuài dì gōng sī de.
快递公司的。 ▶ 택배입니다.
택배 회사 의

⤷ 快递(kuài dì) 택배

Q175

zuó tiān nǐ qù nǎr le?
昨天你去哪儿了?
어제   너   가다 어디   완료

▶ 어제 어디 갔었어요?

A1

wǒ qù qīn qi jiā le.
我去亲戚家了。 ▶ 친척 집에 있었어요.
나 가다 친척   집 완료

↳ 亲戚(qīn qi) 친척

A2

wǒ qù lǚ xíng le.
我去旅行了。 ▶ 여행을 했어요.
나 가다 여행하다 완료

↳ 旅行(lǚ xíng) 여행하다

A3

wǒ hé péng yǒu kàn diàn yǐng le.
我和朋友看电影了。 ▶ 친구와 영화를 봤어요.
나 와 친구   보다 영화   완료

↳ 电影(diàn yǐng) 영화

176

nǐ zhǎo wǒ yǒu shén me shì ma?
你找我有什么事吗?
너 찾다 나 있다 무슨 일 의문

▶ 무슨 일로 나를 찾았어요?

找(zhǎo) 찾다

A1

xiǎng má fán nǐ yí jiàn shì.
想麻烦你一件事。 ▶ 뭐 좀 부탁하려고요.
-하고 싶다 귀찮게 하다 너 한 가지 일

麻烦(má fán) 귀찮게 하다, 부담을 주다 〈상대방에게 예의를 갖춰 부탁할 때 쓰는 표현〉

A2

méi shén me shì, zhǎo nǐ liáo liao tiān.
没什么事，找你聊聊天。 ▶ 별일 없어요. 수다 떨려고요.
없다 별일 찾다 너 이야기하다

聊聊天(liáo liao tiān) 채팅하다, 이야기하다

A3

nǐ yào de dōng xī wǒ gěi nǐ zhǔn bèi hǎo le.
你要的东西我给你准备好了。
너 필요하다 의 물건 나 주다 너 준비하다 완료

▶ 필요하다고 했던 물건을 준비했어요.

准备(zhǔn bèi) 준비하다

Q177

nǐ míng tiān wǎn shang yǒu shí jiān ma?
你明天晚上有时间吗?
너 내일 저녁 있다 시간 의문

▶ 내일 저녁에 시간 있어요?

时间(shí jiān) 시간

A1

yǒu shí jiān.
有时间。 ▶ 시간 있어요.
있다 시간

A2

hái bú què dìng.
还不确定。 ▶ 아직 모르겠어요.
아직 못하다 확실하다

↳ 还(hái) 아직 | 确定(què dìng) 확실하다

A3

míng tiān wǒ bǐ jiào máng, kě néng méi yǒu shí jiān.
明天我比较忙, 可能没有时间。
내일 나 비교적으로 바쁘다 아마 없다 시간

▶ 내일 좀 바빠서 시간이 없을지도 몰라요.

↳ 忙(máng) 바쁘다 | 比较(bǐ jiào) 비교적으로, 상대적으로 | 可能(kě néng) 아마

Q178

nǐ shén me shí hòu yǒu shí jiān?

你什么时候有时间?

너 언제 있다 시간

▶ 언제 시간이 있어요?

什么时候(shén me shí hòu) 언제

A1

wǒ zhōu mò yǒu shí jiān.

我周末有时间。 ▶ 주말에 시간이 있어요.

나 주말 있다 시간

┗ 周末(zhōu mò) 주말

A2

wǒ míng tiān shàng wǔ yǒu shí jiān.

我明天上午有时间。 ▶ 내일 오전에 시간이 있어요.

나 내일 오전 있다 시간

┗ 上午(shàng wǔ) 오전 ｜ 下午(xià wǔ) 오후

A3

wǒ xià zhōu yī yǒu shí jiān.

我下周一有时间。 ▶ 다음 주 월요일에 시간이 있어요.

나 다음 주 월요일 있다 시간

┗ 下周一(xià zhōu yī) 다음 주 월요일

Q 179

wǒ men zài nǎ lǐ jiàn ne?

我们在哪里见呢?

우리　　　있다　어디　　　만나다 의문

▶ 우리 어디서 만날까요?

哪里(nǎ lǐ) 어디 | **见**(jiàn) 만나다

A1

zài gōng jiāo chē zhàn jiàn.

在公交车站见。 ▶ 버스 정류장에서 만나요.

에서 버스 정류장　　　만나다

公交车站(gōng jiāo chē zhàn) 버스 정류장 | 地铁站(dì tiě zhàn) 지하철역
火车站(huǒ chē zhàn) 기차역 | 图书馆(tú shū guǎn) 도서관 | 电影院(diàn yǐng yuàn) 영화관

A2

zài tú shū guǎn mén kǒu jiàn ba.

在图书馆门口见吧。 ▶ 도서관 입구에서 만나요.

에서 도서관　　　입구　만나다 …자

1 门口(mén kǒu) 입구 | 后门(hòu mén) 후문 | 侧门(cè mén) 측문
2 吧(ba) …자 〈제안하는 말투〉

A3

yì huì zài jiāo shì jiàn ba.

一会在教室见吧。 ▶ 이따 교실에서 만나요.

이따　　에서 교실　만나다 …자

一会(yì huì) 이따, 잠깐 | 教室(jiāo shì) 교실

Q180

jǐ diǎn jiàn ne?
几点见呢? ▶ 몇 시에 만날까요?
몇 시 만나다 의문

A1

jiǔ diǎn bàn jiàn ba.
九点半见吧。 ▶ 9시 반에 만나요.
9 시 반 만나다 …자

구체적으로 장소를 정할 때는 "九点半图书馆门口见吧(jiǔ diǎn bàn tú shū guǎn mén kǒu jiàn ba)。9시 반에 도서관 입구에서 만나요."라고 하면 돼요.

A2

zhōng wǔ shí èr diǎn zěn me yàng?
中午十二点怎么样? ▶ 정오 12시 어때요?
정오 12 시 어때요

怎么样(zěn me yang) 어때요

A3

wǒ dōu kě yǐ.
我都可以。 ▶ 다 괜찮아요.
나 모두 괜찮다

都(dōu) 모두, 다

Q181

zhōng guó yóu kè cháng qù hán guó nǎ   lǐ?
中国游客常去韩国哪里?
중국　　　관광객　　　많이 가다　한국　　어디

▶ 한국에서 중국 관광객들이 많이 가는 곳은 어디예요?

游客(yóu kè) 관광객

A1

shǒu ěr hé   jì zhōu dǎo.
首尔和济州岛。 ▶ 서울과 제주도예요.
서울　　과　제주도

↳ 首尔(shǒu ěr) 서울 ｜ 济州岛(jì zhōu dǎo) 제주도 ｜ 釜山(fǔ shān) 부산
江原道(jiāng yuán dào) 강원도

A2

hěn duō yóu kè dào shǒu ěr gòu wù.
很多游客到首尔购物。
아주　많다 관광객　도착하다 서울　쇼핑하다

▶ 많은 관광객들이 서울에 와서 쇼핑해요.

↳ 购物(gòu wù) 쇼핑하다 ｜ 逛街(guàng jiē) 윈도쇼핑, 길거리를 구경하다
吃美食(chī měi shí) 맛있는 음식을 먹다 ｜ 看演唱会(kàn yǎn chàng huì) 콘서트에 가다

A3

yóu kè cháng qù   jì zhōu dǎo de chéng shān rì   chū fēng.
游客常去济州岛的城山日出峰。
관광객　　많이 가다 제주도　　의 성산　　일출봉

▶ 관광객들이 제주도의 성산일출봉에 많이 가요.

↳ 城山日出峰(chéng shān rì chū fēng) 성산일출봉

182

zhōng guó yóu kè dōu mǎi xiē shén me?

中国游客都买些什么?

중국 관광객 주로 사다 약간 뭐

▶ 중국 관광객들이 주로 뭘 사요?

A1 miǎn shuì diàn de yān jiǔ hé huà zhuāng pǐn.

免税店的烟酒和化妆品。

면세점 의 담배 술 와/과 화장품

▶ 면세점의 술 담배와 화장품이요.

⌐ 免税店(miǎn shuì diàn) 면세점 │ 烟酒(yān jiǔ) 술 담배 │ 化妆品(huà zhuāng pǐn) 화장품

A2 miàn mó hé hóng shēn dōu shì rén qì shāng pǐn.

面膜和红参都是人气商品。

마사지팩 과 홍삼 모두 이다 인기 상품

▶ 마시지팩과 홍삼 둘 다 인기 상품이에요.

⌐ 面膜(miàn mó) 마사지팩 │ 红参(hóng shēn) 홍삼 │ 人气商品(rén qì shāng pǐn) 인기 상품

A3 hái yǒu mǎi diàn fàn guō huí qù de.

还有买电饭锅回去的。

또한 사다 전기밥솥 돌아가다 강조

▶ 또한 전기밥솥을 사가기도 해요.

⌐ 还有(hái yǒu) 또한 │ 电饭锅(diàn fàn guō) 전기밥솥 │ 回去(huí qù) 돌아가다

Q183

hán guó rén cháng qù de zhōng guó jǐng diǎn shì nǎ lǐ?

韩国人常去的中国景点是哪里?

한국인   많이 가다 의   중국   관광지   이다 어디

▶ 한국인이 많이 가는 중국 관광지가 어디예요?

景点(jǐng diǎn) 관광지, 명소

A1

zhāng jiā jiè hé jiǔ zhài gōu.

张家界和九寨沟。 ▶ 장가계와 구채구예요.

장가계   와   구채구

> 张家界(zhāng jiā jiè) 장가계 ┃ 九寨沟(jiǔ zhai gōu) 구채구 ┃ 颐和园(yí hé yuán) 이화원
> 万里长城(wàn lǐ zhǎng chéng) 만리장성 ┃ 故宫(gù gōng) 고궁 = 紫禁城(zǐ jìn chéng) 자금성
> 周庄(zhōu zhuāng) 주장

A2

shàng hǎi de huà,   cháng qù wài tān hé dōng fāng míng zhū tǎ.

上海的话，常去外滩和东方明珠塔。

상하이   …이라면   많이 가다 와이탄   과   동방명주탑

▶ 상하이라면 와이탄과 동방면주탑에 많이 가요.

> 上海(shàng hǎi) 상하이 ┃ 外滩(wài tān) 와이탄
> 东方明珠塔(dōng fāng míng zhū tǎ) 동방명주탑

A3

zuì jìn lì jiāng gǔ chéng rén qì fēi cháng gāo.

最近丽江古城人气非常高。

요즘   리장   고성   인기   매우 높다

▶ 요즘 리장 고성이 인기가 많아요.

> 丽江古城(lì jiāng gǔ chéng) 리장 고성 ┃ 非常(fēi cháng) 매우 〈'很(hěn)'보다 더 강한 표현〉

184

jù yǒu dài biǎo xìng de hán guó liào lǐ yǒu nǎ xiē?

具有代表性的韩国料理有哪些?

구비하다 대표성 의 한국 요리 있다 어느

▶ 한국의 대표적인 요리가 뭐예요?

具有(jù yǒu) 가지다, 구비하다 │ **代表性**(dài biǎo xìng) 대표성

A1

dāng rán shì bàn fàn.

当然是拌饭。 ▶ 당연히 비빔밥이죠.

당연히 이다 비빔밥

拌饭(bàn fàn) 비빔밥 │ **韩定食**(hán dìng shí) 한정식 │ **参鸡汤**(shēn jī tāng) 삼계탕
烤肉(kǎo ròu) 불고기 │ **韩牛**(hán niú) 한우 │ **猪肉汤饭**(zhū ròu tāng fàn) 돼지국밥

A2

lù biān xiǎo chī de huà jiù shì chǎo nián gāo le.

路边小吃的话就是炒年糕了。

길거리 먹거리 …라면 바로 이다 떡볶이 완료

▶ 길거리 먹거리라면 바로 떡볶이예요.

路边小吃(lù biān xiǎo chī) 길거리 먹거리 │ **炒年糕**(chǎo nián gāo) 떡볶이
血肠(xuè cháng) 순대

A3

pào cài ba, zhǒng lèi fēi cháng duō.

泡菜吧，种类非常多。 ▶ 김치일걸요. 종류가 엄청 많아요.

김치 추측 종류 매우 많다

泡菜(pào cài) 김치 │ **种类**(zhǒng lèi) 종류

Q185

中国的就餐礼仪有哪些?

중국 의 식사하다 예절 있다 어떤 것

▶ 중국의 식사 예절은 어때요?

就餐(jiù cān) 식사하다 | **礼仪**(lǐ yí) 예절

A1

duān wǎn chī fàn.

端碗吃饭。 ▶ 밥그릇을 손으로 들고 먹어요.

들다 밥그릇 먹다 밥

端(duān) 들다 | 碗(wǎn) 밥그릇

A2

shǐ yòng gōng kuài mǔ chí.

使用公筷母匙。 ▶ 공용 수저를 써요.

사용하다 공용 젓가락 모 숟가락

公筷母匙(gōng kuài mǔ chí) 공용 수저

A3

hē tāng bù néng fā chū shēng yīn.

喝汤不能发出声音。 ▶ 국을 먹을 때 소리 내면 안 돼요.

마시다 국 안 되다 내다 소리

喝汤(hē tāng) 국을 마시다 | 发出(fā chū) 내다 | 声音(shēng yīn) 소리

186

zài hán guó hē jiǔ yǒu nǎ xiē lǐ yí?

在韩国，喝酒有哪些礼仪?

에서 한국 마시다 술 있다 어떤 예절

▶ 한국에서 음주 예절은 어떤 것이 있어요?

喝酒(hē jiǔ) 술을 마시다

A1 yào shuāng shǒu duān jiǔ bēi.
要双手端酒杯。 ▶ 술잔을 양손으로 들어야 돼요.
···해야 하다 양손 들다 술 잔

↳ 双手(shuāng shǒu) 양손 | 酒杯(jiǔ bēi) 술잔

A2 bù néng gěi zì jǐ dào jiǔ.
不能给自己倒酒。 ▶ 자신한테 술을 따르면 안 돼요.
안 되다 한테 자신 따르다 술

↳ 倒酒(dào jiǔ) 술을 따르다

A3 wǎn bèi yào cè shēn hē jiǔ.
晚辈要侧身喝酒。 ▶ 아랫사람은 몸을 옆으로 돌려서 술을 마셔야 돼요.
후배 ···해야 하다 옆 몸 마시다 술

↳ 晚辈(wǎn bèi) 후배, 아랫사람 ↔ 长辈(zhǎng bèi) 집안 어른, 윗사람 / 前辈(qián bèi) 선배
侧身(cè shēn) 몸을 옆으로 돌다

Q 187

zài zhōng guó, sòng hóng bāo yǒu nǎ xiē lǐ yí?

在中国，送红包有哪些礼仪?
에서 중국 주다 빨간 봉투 있다 어떤 예절

▶ 중국에서 축의금을 주는 예절은 어떤 것이 있어요?

红包(hóng bāo)는 빨간 종이 봉투로, 흔히 축의금과 세뱃돈 등을 이르는 말이에요.
반대로 '**白包**(bái bāo) 흰 봉투'에는 조의금을 넣으므로 중국에서 봉투 색깔은
아주 중요해요.

A1

jīn é yào shuāng shù.

金额要双数。 ▶ 액수는 짝수로 해야 돼요.
액수 …해야 하다 짝수

↳ 金额(jīn é) 금액, 액수 ┃ 双数(shuāng shù) 짝수 ↔ 单数(dān shù) 홀수

A2

jǐn liàng bì miǎn sì zhè ge shù zì.

尽量避免四这个数字。 ▶ 되도록이면 숫자 4를 피해요.
되도록 피하다 4 이 것 숫자

↳ 尽量(jǐn liàng) 가능한 한, 되도록 ┃ 避免(bì miǎn) 피하다 ┃ 数字(shù zi) 숫자

A3

zài hóng bāo xiě shàng zhù fú de huà.

在红包写上祝福的话。 ▶ 빨간 봉투에 축복하는 말을 적어요.
에서 빨간 봉투 써내다 축복하다 의 말

↳ 写上(xiě shàng) 써내다 ┃ 祝福(zhù fú) 축복하다

188

hán guó rén shén me shí hou huì chuān hán fú?
韩国人什么时候会穿韩服?
한국인　　　　언제　　　　　　　　　will 입다 한복

▶ 한국 사람은 언제 한복을 입어요?

韩服(hán fú) 한복

A1　guò jié huò zhòng yào de rì zi.
过节或重要的日子。　▶ 명절이나 중요한 날이요.
보내다 명절 혹은 중요하다 　의 　날짜

↳ 过节(guò jié) 명절을 보내다

A2　xiǎo hái zhōu suì de shí hou.
小孩周岁的时候。　▶ 아이 돌 때요.
아이 　돌 　　　의 　때

↳ 周岁(zhōu suì) 돌 → 周岁宴(zhōu suì yàn) 돌잔치

A3　shòu yàn hé jié hūn shí dōu huì chuān.
寿宴和结婚时都会穿。　▶ 생일잔치와 결혼할 때 입어요.
생일잔치 와 결혼하다 때 다 will 입다

↳ 寿宴(shòu yàn) 생일잔치

Q189

hán guó shēng huó xí sú yǒu nǎ xiē?

韩国生活习俗有哪些?

한국 생활 습속 있다 어떤 것

▶ 한국의 생활 풍습은 어떤 것이 있어요?

1 习俗(xí sú) 습속, 풍습
2 중국에서 '习惯(xí guàn) 습관'은 '개인의 버릇'이라는 뜻으로 더 많이 써요.

A1

zuò guò dōng pào cài.

做过冬泡菜。 ▶ 김장 김치를 담가요.

만들다 월동하다 김치

↳ 过冬(guò dōng) 월동하다

A2

shēng rì shí yào hē hǎi dài tāng.

生日时要喝海带汤。 ▶ 생일 때 미역국을 먹어요.

생일 때 …할 것이다 마시다 미역국

↳ 海带汤(hǎi dài tāng) 미역국

A3

zhōng qiū hé chūn jié shí quán jiā tuán yuán.

中秋和春节时全家团圆。 ▶ 추석과 설에는 가족 모두가 모여요.

추석 과 설날 때 온 가족 모이다

↳ 中秋(zhōng qiū) 추석(중추) | 春节(chūn jié) 설날(춘절) | 全家(quán jiā) 온 가족
团圆(tuán yuán) 한데 모이다

190

zhōng guó de chūn jié yì bān dōu zuò xiē shén me?

中国的春节一般都做些什么?

중국 의 춘절 일반 다 하다 좀 뭐

▶ 중국의 춘절에는 보통 뭐 해요?

A1

chūn jié qián yào dà sǎo chú hé bàn nián huò.

春节前要大扫除和办年货。

춘절 전 …해야 하다 대청소하다 그리고 마련하다 설 물건

▶ 춘절 전에 대청소도 하고 장만을 해야 돼요.

大扫除(dà sǎo chú) 대청소하다 ┃ 办年货(bàn nián huò) 춘절에 쓸 물건을 마련하다

A2

chú xī yào chī nián yè fàn, hái yǒu fàng bào zhú.

除夕要吃年夜饭, 还有放爆竹。

제석 …해야 하다 먹다 제석 밥 그리고 터뜨리다 폭죽

▶ 섣달 그믐날 밤에 모여서 밥을 먹고, 폭죽도 터뜨려요.

除夕(chú xī) 제석, 섣달 그믐날 밤 ┃ 年夜饭(nián yè fàn) = 团圆饭(tuán yuán fàn) 제석 음식, 춘절에 가족이 모여 함께 먹는 밥 ┃ 放爆竹(fàng bào zhú) 폭죽을 터뜨리다

A3

qù qīn qi jiā bài nián.

去亲戚家拜年。 ▶ 친척 집에 가서 세배해요.

가다 친척 집 세배하다

拜年(bài nián) 세배하다

Q1

nǐ xǐ huan shén me yàng de lǚ xíng?

你喜欢什么样的旅行?
너　좋아하다　어떤　　의　여행

▶ **어떤 여행을 좋아해요?**

什么样(shén me yàng) 어떤 | **旅行**(lǚ xíng) 여행, 여행하다

A1

wǒ xǐ huan zì zhù lǚ xíng.

我喜欢自助旅行。 ▶ 배낭여행을 좋아해요.
나　좋아하다　　배낭여행

> 自助旅行(zì zhù lǚ xíng) 배낭여행 | 团体旅行(tuán tǐ lǚ xíng) 단체여행
> 度假(dù jià) 휴가를 보내다 | 单车旅行(dān chē lǚ xíng) 자전거 여행
> 自驾游(zì jià yóu) 자동차 여행, 렌터카 여행

A2

wǒ xǐ huan méi yǒu jì huà de lǚ xíng.

我喜欢没有计划的旅行。 ▶ 계획에 없는 여행을 좋아해요.
나　좋아하다　없다　계획　의　여행

> 没有计划的(méi yǒu jì huà de) 무계획한 | 有准备的(yǒu zhǔn bèi de) 준비가 된

A3

wǒ bǐ jiào xǐ huan yí gè rén lǚ xíng.

我比较喜欢一个人旅行。
나　상대적으로　좋아하다　혼자서　여행

▶ **비교적 혼자서 여행하는 걸 좋아해요.**

> 比较(bǐ jiào) 비교적, 상대적으로 | 一个人(yí gè rén) 혼자서

Q 192

nǐ xiǎng gēn shuí qù lǚ xíng?
你想跟谁去旅行？
너 원하다 와 누구 가다 '여행'

▶ 여행 간다면 누구랑 가고 싶어요?

想(xiǎng) 생각하다, 원하다

A1

xiǎng gēn jiā rén qù lǚ xíng.
想跟家人去旅行。 ▶ 가족과 같이 여행을 가고 싶어요.
원하다 와 가족 가다 여행

家人(jiā rén) 가족 │ 同事(tóng shì) 동료 │ 同学(tóng xué) 반 친구
好友(hǎo yǒu) 친한 친구 │ 男朋友(nán péng yǒu) 남자 친구 │ 女朋友(nǔ péng yǒu) 여자 친구

A2

wǒ xiǎng gēn hǎo yǒu yì qǐ qù lǚ xíng.
我想跟好友一起去旅行。
나 원하다 와 친한 친구 같이 가다 여행

▶ 친한 친구와 같이 여행을 가고 싶어요.

A3

wǒ xiǎng zhǎo jǐ ge yǒu gòng tóng ài hào de lǚ bàn.
我想找几个有共同爱好的旅伴。
나 원하다 찾다 몇 명 있다 공유한 취미 의 여행 동반자

▶ 취미가 같은 여행 친구 몇 명을 찾고 싶어요.

共同(gòng tóng) 같은, 공유한 │ 爱好(ài hào) 취미 │ 旅伴(lǚ bàn) 여행 동반자

193

nǐ xiǎng qù nǎ xiē dì fang lǚ xíng?
你想去哪些地方旅行?
너 원하다 가다 어느 곳 여행하다

▶ 어디로 여행을 가고 싶어요?

哪些地方(nǎ xiē dì fang) 어떤 곳

A1 xiǎng qù dà chéng shì.
想去大城市。 ▶ 큰 도시로 가기를 원해요.
원하다 가다 크다 도시

┗ 大城市(dà chéng shì) 큰 도시 | 沿海城市(yán hǎi chéng shì) 바닷가 도시
热带岛屿(rè dài dǎo yǔ) 열대의 섬 | 度假村(dù jià cūn) 휴양지

A2 wǒ xiǎng qù yǒu gǔ jì de dì fang.
我想去有古迹的地方。 ▶ 유적지가 있는 지역으로 가고 싶어요.
나 원하다 가다 있다 고적 의 곳

┗ 古迹(gǔ jì) 고적, 유적 | 人文景观(rén wén jǐng guān) 인문 경관
自然风光(zì rán fēng guāng) 자연 풍경

A3 wǒ xiǎng qù nóng cūn tǐ yàn yí xià shēng huó.
我想去乡村体验一下生活。
나 원하다 가다 시골 체험하다 좀 생활

▶ 짧게나마 시골 가서 생활하고 싶어요.

┗ 乡村(xiāng cūn) 농촌, 시골 | 体验(tǐ yàn) 체험하다 | 生活(shēng huó) 생활

194

zěn yàng zhì dìng lǚ xíng jì huà ne?
怎样制定旅行计划呢?
어떻게   작성하다   여행   계획   의문
▶ 여행 계획은 어떻게 세워요?

制定(zhì dìng) 작성하다 | **计划**(jì huà) 계획

A1

xiān tīng qǔ péng yǒu de yì jiàn.
先听取朋友的意见。 ▶ 먼저 친구의 의견을 들어요.
먼저 청취하다 친구   의 의견

先(xiān) 먼저 | 听取(tīng qǔ) 듣다, 청취하다 | 意见(yì jiàn) 의견

A2

zài cān kǎo lǚ xíng shè de xuān chuán.
再参考旅行社的宣传。
그 다음 참고하다 여행사   의 홍보

▶ 그 다음 여행사의 홍보를 참고해요.

再(zài) 다음에 | 参考(cān kǎo) 참고하다 | 旅行社(lǚ xíng shè) 여행사
宣传(xuān chuán) 홍보, 홍보하다

A3

zài wǎng yè shàng sōu suǒ,   huò zhě mǎi lǚ yóu shū jí.
在网页上搜索，或者买旅游书籍。
에서 사이트 상 검색하다 아니면 사다 여행 서적

▶ 사이트에서 검색하거나 여행 가이드북을 사요.

网页(wǎng yè) 사이트, 홈페이지 | 搜索(sōu suǒ) 검색하다
旅游书籍(lǚ yóu shū jí) 여행 가이드북

Q 195

xiǎng tōng guò shén me jiāo tōng gōng jù qù lǚ xíng ne?

想通过什么交通工具去旅行呢?

…고 싶다 …을 통하다 어떤 교통방법 가다 여행 의문

▶ 여행 갈 때 어떤 교통수단을 이용하고 싶어요?

通过(tōng guò) …을/를 통하다 | **交通工具**(jiāo tōng gōng jù) 교통수단

A1
zuò chuán, kě yǐ kàn hǎi jǐng.

坐船，可以看海景。
타다 배 …할 수 있다 보다 해경

▶ 배요. 바다 경치를 볼 수 있으니까요.

↳ 船(chuán) 배 | 海景(hǎi jǐng) 바다 경치

A2
zuò fēi jī, kě yǐ gèng kuài dào dá mù dì dì.

坐飞机，可以更快到达目的地。
타다 비행기 …할 수 있다 더 빠르다 도착하다 목적지

▶ 비행기요. 더 빨리 목적지에 도착할 수 있잖아요.

↳ 到达(dào dá) 도착하다 | 目的地(mù dì dì) 목적지

A3
wǒ xiǎng cháng shì tú bù lǚ xíng.

我想尝试徒步旅行。
나 …고 싶다 해보다 도보 여행

▶ 도보로 여행을 해보고 싶어요.

↳ 尝试(cháng shì) 경험해 보다 | 徒步(tú bù) 도보하다
自行车旅行(zì háng chē lǚ xíng) 자전거 여행

---

lǚ xíng shí nǐ yí dìng huì dài shang shén me wù pǐn?

旅行时你一定会带上什么物品?

여행하다 때 너 꼭 will 챙기다 무슨 물품

▶ 여행 갈 때 꼭 챙기는 건 뭐예요?

带(dài) 가지다, 챙기다 → 带上(dài shang) 가지고 있다, 몸에 지니다
物品(wù pǐn) 물품

A1

wǒ huì dài xiàng jī.

我会带相机。 ▶ 저는 카메라를 가져갈 거예요.

나 will 가지다 카메라

相机(xiàng jī) 카메라 | 眼罩(yǎn zhào) 안대 | 雨伞(yǔ sǎn) 우산
防晒喷雾(fáng shài pēn wù) 자외선 차단 스프레이 | 保湿面膜(bǎo shī miàn mó) 보습팩
平板电脑(píng bǎn diàn nǎo) 태블릿 PC | 自拍杆(zì pāi gǎn) 셀카봉

A2

yí dìng yào dài rì cháng yào pǐn.

一定要带日常药品。 ▶ 상비약을 꼭 챙겨야 해요.

꼭 …해야 하다 챙기다 일상 약품

一定要(yí dìng yào) 꼭 …해야 하다 | 日常(rì cháng) 일상적인 | 药品(yào pǐn) 약품

A3

lǚ xíng dì de jiè shào shū hěn zhòng yào.

旅行地的介绍书很重要。 ▶ 여행지의 안내책은 매우 중요해요.

여행지 의 안내책 아주 중요하다

介绍书(jiè shào shū) 안내책 | 重要(zhòng yào) 중요하다

197

lǚ xíng shí yì bān zuò shén me?
旅行时一般做什么?
여행하다 때 일반 하다 뭐

▶ 여행할 때 뭘 많이 해요?

A1

pāi hěn duō zhào piàn.
拍很多照片。
찍다 많다 사진

▶ 사진을 많이 찍어요.

拍(pāi) 찍다 | 照片(zhào piàn) 사진

A2

mǎi jì niàn pǐn sòng gěi péng yǒu.
买纪念品送给朋友。
사다 기념품 주다 에게 친구

▶ 친구한테 줄 기념품을 사요.

纪念品(jì niàn pǐn) 기념품 | 送给(sòng gěi) 주다, 선물하다
特产(tè chǎn) 특산물

A3

chī dāng dì de měi shí.
吃当地的美食。
먹다 그 지방 의 맛있는 음식

▶ 현지의 맛있는 음식을 먹어요.

当地(dāng dì) 현지, 그 지방 | 美食(měi shí) 맛있는 음식

198

nǐ xiǎng qù nǎ xiē chéng shì?
你想去哪些城市?
너 …고 싶다 가다 어느 　 도시

▶ 가보고 싶은 도시는 어디예요?

A1

wǒ xiǎng qù niǔ yuē.
我想去纽约。　▶ 뉴욕에 가고 싶어요.
나 …고 싶다 가다 뉴욕

纽约(niǔ yuē) 뉴욕 ｜ 洛杉矶(luò shān jī) 로스앤젤레스 ｜ 多伦多(duō lún duō) 토론토
伦敦(lún dūn) 런던 ｜ 巴黎(bā lí) 파리 ｜ 柏林(bó lín) 베를린 ｜ 悉尼(xī ní) 시드니
莫斯科(mò sī kē) 모스크바 ｜ 伊斯坦布尔(yī sī tǎn bù'ěr) 이스탄불
东京(dōng jīng) 도쿄 ｜ 新加坡(xīn jiā pō) 싱가포르 ｜ 曼谷(màn gǔ) 방콕

A2

wǒ xiǎng qù niǔ yuē kàn yīn yuè jù.
我想去纽约看音乐剧。　▶ 뉴욕에 가서 뮤지컬을 보고 싶어요.
나 …고 싶다 가다 뉴욕 　 보다 뮤지컬

看(kàn) 보다 ｜ 音乐剧(yīn yuè jù) 뮤지컬

A3

wǒ xiǎng qù xiāng gǎng chī měi shí hé gòu wù.
我想去香港吃美食和购物。
나 …고 싶다 가다 홍콩 　 먹다 맛있는 음식 과 쇼핑하다

▶ 홍콩에 가서 맛있는 음식을 먹고 쇼핑하고 싶어요.

香港(xiāng gǎng) 홍콩 ｜ 购物(gòu wù) 쇼핑, 쇼핑하다

99

nǐ xiǎng qù zhōng guó nǎ xiē dì fāng?
你想去中国哪些地方?
너 고싶다 가다 중국 어느 곳

▶ 중국에서 가보고 싶은 곳은 어디예요?

A1 wǒ xiǎng qù běi jīng.
我想去北京。 ▶ 베이징에 가고 싶어요.
나 …고 싶다 가다 베이징

北京(běi jīng) 베이징 ㅣ 上海(shàng hǎi) 상하이 ㅣ 广州(guǎng zhōu) 광저우
深圳(shēn zhèn) 선전 ㅣ 杭州(háng zhōu) 항저우 ㅣ 西安(xī ān) 시안
四川(sì chuān) 쓰촨 ㅣ 桂林(guì lín) 구이린 ㅣ 长江三峡(cháng jiāng sān xiá) 장강 삼협
丽江古城(lì jiāng gǔ chéng) 리장 고성 ㅣ 内蒙古(nèi měng gǔ) 네이멍구자치구

A2 yún nán, nà lǐ sì jì rú chūn.
云南, 那里四季如春。 ▶ 운남이요. 사계절 기후가 봄과 같아요.
운남 거기 사계절 …과 같다 봄

云南(yún nán) 운남 ㅣ 四季如春(sì jì rú chūn) 사계절 기후가 봄날같이 따뜻하다

A3 hā ěr bīn, tīng shuō xuě jǐng hěn piào liang.
哈尔滨, 听说雪景很漂亮。
하얼빈 듣자 하니 설경 아주 아름답다

▶ 하얼빈이요. 설경이 아주 아름답다고 해서요.

哈尔滨(hā ěr bīn) 하얼빈 ㅣ 听说(tīng shuō) 듣자 하니 …라고 하다 ㅣ 雪景(xuě jǐng) 설경
漂亮(piào liang) 아름답다, 예쁘다

200

lǚ xíng de lè qù shì shén me?
旅行的乐趣是什么?
여행하다 의 즐거움 이다 뭐

▶ 여행의 즐거움은 뭐라고 생각해요?

乐趣(lè qù) 즐거움

A1

gòu wù hé sàn xīn.
购物和散心。 ▶ 쇼핑과 기분 전환이요.
쇼핑하다 과 기분 전환

购物(gòu wù) 쇼핑하다 | 散心(sàn xīn) 기분 전환

A2

dāng rán shì chī dāng dì de měi shí.
当然是吃当地的美食。 ▶ 당연히 그 지방의 맛있는 음식이죠.
당연히 이다 먹다 그 지방 의 맛있는 음식

A3

yù jiàn bù tóng de rén shì zuì dà lè qù.
遇见不同的人是最大乐趣。
만나다 다르다 의 사람 이다 가장 크다 즐거움

▶ 다른 사람과의 만남이 가장 큰 즐거움이에요.

遇见(yù jiàn) (우연히) 만나다

나만의 Real Life
Conversation 만들기

나만의 Q&A를 Scene별로
정리하면 더욱 좋아요.

정리된 원고를 자신의 목소리로 녹음한 후,
시간 날 때마다 수정을 반복하면
완전 나만의 것이 되겠지요.

REAL LIFE CONVERSATION

PART 1에서 배운 짧은 즉문즉답을

촘촘하게 **리얼 스토리**로 엮어 봤어요.

상황 속에서 느낌으로 배우는 중국어가 진짜 중국어랍니다.

Real Life conversation

 민우(26)와 류민(20)의 첫 만남

(刘敏) <small>nǐ hǎo. wǒ jiào liú mín.</small>
你好，我叫刘敏。 » 안녕하세요. 류민이라고 해요.

(民友) <small>nǐ hǎo. wǒ shì jīn mín yǒu.</small>
你好，我是金民友。 » 안녕하세요. 김민우예요

<small>hěn gāo xìng rèn shi nǐ.</small>
很高兴认识你。 » 만나서 반가워요

(刘敏) <small>gāi zěn me chēng hu nǐ?</small>
该怎么称呼你？ » 뭐라고 부르면 좋을까요?

(民友) <small>jiào wǒ mín yǒu jiù xíng le.</small>
叫我民友就行了。 » 민우라고 하세요

(刘敏) <small>nà nǐ jiào wǒ xiǎo liú ba.</small>
那你叫我小刘吧。 » 그럼 저는 샤우류라고 불러 주세요.

(刘敏) <small>mín yǒu, nǐ zuò shén me gōng zuò?</small>
民友，你做什么工作？ » 민우 씨는 어떤 일을 해요?

(民友) <small>wǒ zài mào yì gōng sī shàng bān.</small>
我在贸易公司上班。 » 무역 회사에 다녀요

<small>nǐ ne?</small>
你呢？ » 샤우류는요?

(刘敏) <small>wǒ hái shì xué sheng.</small>
我还是学生。 » 저는 아직 학생이에요.

民友 xiǎo liú nǐ jīn nián duō dà le?
小刘你今年多大了？ » 샤우류는 몇 살이에요?

刘敏 wǒ èr shí suì le.
我二十岁了。 » 스무 살이에요

民友 nǐ de shǒu jī hào mǎ shì duō shao?
你的手机号码是多少？ » 휴대전화 번호가 어떻게 돼요?

刘敏 líng yāo líng yāo èr sān sì wǔ liù qī bā.
010-1234-5678。 » 010-1234-5678이에요

民友 wǒ zài lián luò nǐ.
我再联络你。 » 나중에 연락할게요

刘敏 hǎo, zài jiàn.
好，再见。 » 좋아요 또 봐요

민우와 류민의 시간 이야기

刘敏 : mín yǒu, jīn tiān shì jǐ yuè jǐ hào?
民友，今天是几月几号？ » 민우 씨, 오늘 며칠이에요?

民友 : jīn tiān shì liù yuè qī hào.
今天是六月七号。 » 오늘은 6월 7일이에요.

刘敏 : xīng qī jǐ ne?
星期几呢？ » 무슨 요일이죠?

民友 : xīng qī liù ba?
星期六吧？ » 토요일인가?

刘敏 : bú duì … hǎo xiàng shì xīng qī rì.
不对…好像是星期日。 » 아뇨… 일요일인 것 같은데요.
míng tiān shì xīng qī yī.
明天是星期一。 » 내일이 월요일이에요.

民友 : xīng qī yī … yòu yào shàng bān le!
星期一…又要上班了！ » 월요일… 또 출근해야 되네요!

民友 : xiǎo liú, nǐ píng rì jǐ diǎn qǐ chuáng?
小刘，你平日几点起床？ » 샤우류, 주중에는 몇 시에 일어나요?

刘敏 : bù yí dìng, nǐ ne?
不一定，你呢？ » 일정하지 않아요. 민우 씨는요?

民友 : wǒ píng rì qī diǎn qǐ chuáng,
我平日七点起床， » 주중에는 7시에 일어나고,
zhōu mò bù yí dìng.
周末不一定。 » 주말에는 일정하지 않아요.

刘敏 nà nǐ jǐ diǎn shàng bān?
　　　那你几点上班？ » 그럼 몇 시에 출근해요?

民友 wǒ bā diǎn bàn shàng bān,
　　　我八点半上班， » 8시 반에 일을 시작하니까

　　　qī diǎn sì shí fèn chū mén.
　　　七点四十分出门。 » 7시 40분에 집에서 나서요.

刘敏 zhēn zǎo a.
　　　真早啊。 » 정말 일찍 나가네요.

民友 nà nǐ jǐ diǎn chū mén?
　　　那你几点出门？ » 그럼 샤우류는 몇 시에 집을 나서요?

刘敏 wǒ men yì bān jiǔ diǎn shàng kè,
　　　我们一般九点上课， » 우린 보통 9시에 수업을 시작하니까

　　　wǒ bā diǎn sān kè chū mén.
　　　我八点三刻出门。 » 8시 45분에 나서요.

Real Life conversation

  민우와 류민의 날씨와 계절 이야기

刘敏 | mín yǒu, jīn tiān tiān qì zěn me yàng?
民友，今天天气怎么样？ » 민우 씨, 오늘 날씨 어때요?

民友 | jīn tiān shì qíng tiān.
今天是晴天， » 오늘은 날씨가 맑은데,

míng tiān kě néng huì xià yǔ.
明天可能会下雨。 » 내일은 비가 올 것 같아요.

刘敏 | zhēn de?
真的？ » 그래요?

民友 | duì, wǒ kàn le tiān qì yù bào.
对，我看了天气预报。 » 맞아요. 일기예보 봤어요.

刘敏 | tiān qì yù bào zěn me shuō?
天气预报怎么说？ » 일기예보에서 뭐라고 했어요?

民友 | míng tiān huì xià yǔ,
明天会下雨， » 내일 비가 오고

yě huì biàn lěng.
也会变冷。 » 추워진대요.

- -

刘敏 | qì wēn duō shao dù ne?
气温多少度呢？ » 기온은 어때요?

民友 | bái tiān shí dù,
白天十度， » 낮에는 10도,

wǎn shang yí dù zuǒ yòu.
晚上一度左右。 » 밤에는 1도 정도래요.

刘敏) tiān qì yǒu diǎn lěng a.
天气有点冷啊。 » 날씨가 조금 춥네요

民友) zuì jìn běi jīng tiān qì zěn me yang?
最近北京天气怎么样? » 요즘 베이징 날씨는 어때요?

刘敏) běi jīng de sān yuè yǒu diǎn lěng.
北京的三月有点冷。 » 베이징의 3월은 조금 추워요

wǔ yuè jiù nuǎn huo le.
五月就暖和了。 » 5월이 되면 따뜻해져요

民友) nà nǐ zuì xǐ huan jǐ yuè?
那你最喜欢几月? » 그럼 샤우류는 몇 월을 가장 좋아해요?

刘敏) wǒ zuì xǐ huan shí yī yuè.
我最喜欢十一月, » 11월을 가장 좋아해요

yīn wèi qiū tiān tiān qì hěn liáng shuǎng.
因为秋天天气很凉爽。 » 가을 날씨가 선선하니까요.

民友) wǒ yě xǐ huan qiū tiān.
我也喜欢秋天。 » 나도 가을을 좋아해요

민우와 류민의 개인적 이야기

刘敏
mín yǒu, nǐ shì nǎ nián chū shēng de?
民友，你是哪年出生的？ » 민우 씨, 몇 년생이에요?

民友
bā jiǔ nián. nǐ ne?
八九年。你呢？ » 89년이요. 샤우류는요?

刘敏
wǒ shì jiǔ wǔ nián shēng de, shǔ zhū.
我是九五年生的，属猪。 » 저는 95년생이에요. 돼지띠요.

nǐ shǔ shén me?
你属什么？ » 민우 씨는 무슨 띠예요?

民友
wǒ shǔ shé.
我属蛇。 » 저는 뱀띠예요.

nà, nǐ shì shén me xīng zuò?
那，你是什么星座？ » 그럼, 샤우류는 별자리가 뭐예요?

刘敏
wǒ shì tiān xiē zuò. nǐ ne?
我是天蝎座。你呢？ » 저는 전갈자리예요. 민우 씨는요?

民友
jīn niú zuò.
金牛座。 » 황소자리예요.

刘敏
suǒ yǐ nǐ shēng rì shì wǔ yuè ma?
所以你生日是五月吗？ » 그럼 생일은 5월인가요?

民友
bù, wǒ shēng rì shì sì yuè èr shí bā hào.
不，我生日是四月二十八号。 » 아니요. 내 생일은 4월 28일이에요.

nǐ shēng rì shì shí yī yuè ba?
你生日是十一月吧？ » 샤우류 생일은 11월이죠?

刘敏
duì, shí yī yuè wǔ hào.
对，十一月五号。 » 맞아요. 11월 5일이에요.

刘敏 nǐ shì shén me xuè xíng?
你是什么血型? » 혈액형이 뭐예요?

民友 wǒ shì B xíng xuè.
我是B型血。 » 나는 B형이에요

yōu diǎn shì huó po.
优点是活泼。 » 활발한 성격이 장점이죠.

刘敏 nà, nǐ de quē diǎn shì shén me?
那，你的缺点是什么? » 그럼, 단점이라고 생각하는 거 있어요?

民友 wǒ hěn cū xīn.
我很粗心。 » 세심하지 못한 점이요.

刘敏 kàn bù chū lái ne.
看不出来呢。 » 그렇게 안 보여요

民友 xiǎo liú, nǐ lǎo jiā zài nǎr?
小刘，你老家在哪儿? » 샤우류, 고향은 어디예요?

刘敏 wǒ lǎo jiā zài běi jīng.
我老家在北京。 » 제 고향은 베이징이에요.

民友 nǐ xiàn zài zhù nǎr?
你现在住哪儿? » 지금은 어디에 살아요?

刘敏 wǒ xiàn zài zhù lí dà fù jìn.
我现在住梨大附近。 » 저는 지금 이대 근처에 살아요

민우와 류민의 외국어 이야기

刘敏 | mín yǒu.　nǐ hàn yǔ shuō de tǐng hǎo de.
民友，你汉语说得挺好的。 » 민우 씨, 중국어를 아주 잘하네요

民友 | zhēn de?　xiè xie!
真的? 谢谢! » 그래요? 고마워요!

刘敏 | nǐ xué hàn yǔ duō jiǔ le?
你学汉语多久了? » 중국어를 배운 지 얼마나 됐어요?

民友 | kuài liǎng nián le.
快两年了。 » 거의 2년 됐어요.

刘敏 | nǐ wèi shén me xué xí hàn yǔ?
你为什么学习汉语? » 중국어를 왜 배워요?

民友 | gōng zuò xū yào.
工作需要。 » 업무상 필요해서요

ér qiě　wǒ xiǎng qù zhōng guó lǚ xíng.
而且我想去中国旅行。 » 그리고 중국에 여행 가고 싶어서요

刘敏 | nǐ shì zěn me xué xí hàn yǔ de?
你是怎么学习汉语的? » 중국어를 어떻게 배웠어요?

民友 | qù bǔ xí bān xué de.
去补习班学的。 » 학원에 다니며 배웠어요

刘敏 | hàn yǔ nán ma?
汉语难吗? » 중국어 어려워요?

民友 shēng diào yǒu diǎnr nán.
声调有点儿难。 » 성조가 조금 어려워요

民友 zěn yàng cái néng xué hǎo hàn yǔ?
怎样才能学好汉语？ » 어떻게 하면 중국어를 잘할 수 있을까요?

刘敏 duō hé zhōng guó péng yǒu lái wǎng.
多和中国朋友来往。 » 중국 친구들과 많이 만나요

刘敏 nǐ hái huì shuō shén me yǔ yán?
你还会说什么语言？ » 또 말할 수 있는 언어가 있어요?

民友 wǒ huì shuō yì diǎnr dé yǔ.
我会说一点儿德语。 » 독일어를 조금 할 줄 알아요

刘敏 dé yǔ hé hàn yǔ nǎ ge nán?
德语和汉语哪个难？ » 독일어와 중국어 중 어느 쪽이 어려워요?

民友 dōu hěn nán.
都很难。 » 둘 다 어려워요

Real Life conversation

 민우와 류민의 가족 이야기

민友
xiǎo liú,   nǐ jiā yǒu jǐ kǒu rén?
小刘，你家有几口人？ » 샤우류, 가족은 몇 명인가요?

刘敏
sì kǒu rén,   mín yǒu nǐ ne?
四口人，民友你呢？ » 4인 가족이에요. 민우 씨는요?

民友
wǒ jiā yǒu sān kǒu rén.
我家有三口人。 » 3인 가족이에요

bà ba,   mā ma hé wǒ.
爸爸、妈妈和我。 » 아빠와 엄마와 저예요

刘敏
nǐ shì dú shēng zǐ?
你是独生子？ » 외동이에요?

民友
duì.
对。 » 맞아요

민友
nǐ jiā lǐ pái háng lǎo jǐ?
你家里排行老几？ » 샤우류는 형제자매 중에 몇째예요?

刘敏
wǒ shì jiā lǐ de lǎo xiǎo.
我是家里的老小。 » 저는 집안의 막내예요

民友
nǐ yǒu gē ge hái shì jiě jie?
你有哥哥还是姐姐？ » 위에 오빠나 언니 있어요?

刘敏
gē ge.
哥哥。 » 오빠요

民友
nǐ hé gē ge xiāng chà jǐ suì?
你和哥哥相差几岁？ » 오빠와 나이 차이가 몇 살이나 나요?

刘敏 tā dà wǒ sān suì.
他大我三岁。 » 오빠가 저보다 세 살 많아요.

民友 nǐ gē ge jié hūn le ma?
你哥哥结婚了吗? » 오빠는 결혼했어요?

刘敏 hái méi.
还没。 » 아직이요.

民友 nǐ gē ge xìng gé zěn me yàng?
你哥哥性格怎么样? » 오빠는 성격이 어때요?

刘敏 tā tǐng wēn hé de.
他挺温和的。 » 부드러워요.

mín yǒu nǐ zhǎng de xiàng bà ba hái shì mā ma?
民友你长得像爸爸还是妈妈? » 민우 씨는 엄마 아빠 중 누구를 닮았어요?

民友 dà jiā dōu shuō xiàng mā ma.
大家都说像妈妈。 » 다들 엄마를 닮았다고 해요.

刘敏 nǐ hé fù mǔ de guān xi zěn yàng?
你和父母的关系怎样? » 부모님과의 관계는 어때요?

民友 tǐng hǎo de.
挺好的。 » 좋아요.

刘敏 nǐ jiā qīn qi duō ma?
你家亲戚多吗? » 친척이 많아요?

民友 bù shǎo, wǒ yǒu shí ge táng xiōng dì jiě mèi.
不少，我有十个堂兄弟姐妹。 » 적지는 않아요. 사촌이 열 명 있어요.

刘敏 nǐ hé tā men jīng cháng jiàn miàn ma?
你和他们经常见面吗? » 사촌들과 자주 만나요?

民友 wǒ hé táng xiōng dì jīng cháng jiàn miàn.
我和堂兄弟经常见面。 » 사촌 형제와 자주 만나요.

Real Life conversation

 민우와 류민의 생활과 습관 이야기

民友 xiǎo liú, nǐ měi tiān zěn me shàng xué?
小刘，你每天怎么上学？ » 샤우류, 학교는 매일 어떻게 다녀요?

刘敏 zǒu lù. mín yǒu nǐ ne?
走路。民友你呢？ » 걸어서요. 민우 씨는요?

mín yǒu nǐ zěn me shàng bān?
民友你怎么上班？ » 민우 씨는 어떻게 출근해요?

民友 wǒ dā dì tiě.
我搭地铁。 » 지하철로요

刘敏 nǐ huì kāi chē ma?
你会开车吗？ » 차 운전할 줄 알아요?

民友 huì, dàn bù cháng kāi.
会，但不常开。 » 할 줄 알지만, 자주 안 해요.

刘敏 nǐ shì yè māo zi ma?
你是夜猫子吗？ » 민우 씨는 야행성이에요?

民友 shì, wǒ jīng cháng wǎn shuì.
是，我经常晚睡。 » 네. 자주 늦게 자요.

nǐ yě shì yè māo zi ma?
你也是夜猫子吗？ » 샤우류도 야행성이에요?

刘敏 bù, wǒ xí guàn zǎo shuì zǎo qǐ.
不，我习惯早睡早起。 » 아뇨. 일찍 자고 일찍 일어나는 편이에요.

nà, xià bān hòu nǐ yì bān zuò shén me?
那，下班后你一般做什么？ » 그럼, 민우 씨는 퇴근 후에 보통 뭐 해요?

民友 kàn diàn shì.
看电视。 » TV를 봐요

刘敏 nǐ xí guàn zǎo shang xǐ zǎo hái shi wǎn shang xǐ zǎo?
你习惯早上洗澡还是晚上洗澡？
» 샤워는 아침에 하는 편이에요, 저녁에 하는 편이에요?

民友 wǒ xí guàn zǎo shang xǐ zǎo.
我习惯早上洗澡。 » 아침에 샤워하는 편이에요

刘敏 nǐ yǒu yùn dòng de xí guàn ma?
你有运动的习惯吗？ » 운동을 규칙적으로 하고 있어요?

民友 yǒu, wǒ měi zhōu dōu qù yóu yǒng.
有，我每周都去游泳。 » 네, 하고 있어요. 매주 수영하러 가요.

nǐ ne?
你呢？ » 샤우류는요?

刘敏 wǒ ǒu ěr màn pǎo.
我偶尔慢跑。 » 가끔 조깅해요.

刘敏 nǐ yì bān yòng zhì néng shǒu jī lái zuò shén me?
你一般用智能手机来做什么？ » 민우 씨는 스마트폰으로 주로 뭘 해요?

民友 kàn shì pín, huò zhě tīng yīn yuè.
看视频，或者听音乐。 » 동영상을 보거나 음악을 들어요.

刘敏 nǐ jīng cháng shàng wǎng ma?
你经常上网吗？ » 인터넷은 자주 해요?

民友 shì, wǒ jīng cháng shàng wǎng.
是，我经常上网。 » 네, 인터넷 자주 해요.

刘敏 nǐ chōu yān ma?
你抽烟吗？ » 민우 씨는 담배 피워요?

民友 ǒu ěr chōu.
偶尔抽。 » 어쩌다가 피워요

Real Life conversation

 민우와 류민의 건강 이야기

wǒ zuó tiān kàn jiàn yí ge hěn xiàng nǐ de rén.
(民友) **我昨天看见一个很像你的人。** » 어제 샤우류와 닮은 사람을 봤어요

zhēn de?
(刘敏) **真的?** » 진짜요?

tā zhǎng shén me yàng?
她长什么样? » 그녀는 어떻게 생겼나요?

tā zhǎng de bù gāo,   ěr duo hěn dà.
(民友) **她长得不高，耳朵很大。** » 그녀는 키가 크진 않았지만, 귀가 컸어요.

wǒ ěr duo bú dà ya!
(刘敏) **我耳朵不大呀!** » 내 귀는 안 크거든요!

shì ma…?
(民友) **是吗…?** » 그런가요…?

tā yǎn jīng yě dà dà de.
她眼睛也大大的。 » 그녀는 눈도 컸어요.

tā tóu fa cháng ma?
(刘敏) **她头发长吗?** » 그녀는 머리가 길어요?

bù,   tā shì duǎn fà.
(民友) **不，她是短发。** » 아뇨, 그녀는 짧은 머리였어요.

kě wǒ shì cháng fà ya.
(刘敏) **可我是长发呀。** » 저는 긴 머리인데요.

民友 duì le, nǐ jīn tiān qì sè bú tài hǎo.
对了，你今天气色不太好。 » 오늘 안색이 별로 좋지 않네요.

刘敏 shì a, wǒ zuó wǎn méi shuì hǎo.
是啊，我昨晚没睡好。 » 맞아요. 어젯밤에 잠을 설쳤어요.

民友 nǐ zěn me le?
你怎么了？ » 어떻게 된 거예요?

刘敏 wǒ hǎo xiàng gǎn mào le.
我好像感冒了。 » 감기에 걸린 것 같아요.

mín yǒu, nǐ qì sè yě bù hǎo.
民友，你气色也不好。 » 민우 씨도 안색이 별로인데요.

nǐ nǎr bù shū fu?
你哪儿不舒服？ » 어디 아파요?

民友 méi shén me.
没什么。 » 별일 아니에요.

sǎng zi yǒu diǎnr téng.
嗓子有点儿疼。 » 목이 좀 아파요.

刘敏 qù kàn zi shēng le ma?
去看医生了吗？ » 병원에 가봤어요?

民友 méi, xiū xi yì tiān jiù hǎo le.
没，休息一天就好了。 » 아뇨. 하루 쉬면 될 거예요.

민우와 류민의 집 이야기

刘敏
mín yǒu, nǐ jiā zhù gōng yù ma?
民友，你家住公寓吗？ » 민우 씨 집은 아파트예요?

民友
shì, wǒ jiā zhù gōng yù.
是，我家住公寓。 » 네, 우리 집은 아파트예요.

bú guò, wǒ xiàn zài zài wài miàn zū fáng zi.
不过，我现在在外面租房子。 » 그런데 지금은 방을 얻어 혼자 살고 있어요.

fù mǔ zhù zài gōng yù.
父母住在公寓。 » 부모님이 아파트에 사세요.

xiǎo liú, nǐ zhù sù shè shì ba?
小刘，你住宿舍是吧？ » 샤우류는 기숙사에서 사는 거죠?

刘敏
duì, wǒ zhù xué xiào sù shè.
对，我住学校宿舍。 » 네, 학교 기숙사에서 살아요.

民友
nǐ zhù de sù shè zěn me yàng?
你住的宿舍怎么样？ » 살고 있는 기숙사는 어때요?

刘敏
hěn gān jìng.
很干净。 » 깨끗해요.

kě shì jiā jù yǒu diǎn ér jiù.
可是家具有点儿旧。 » 그런데 가구가 좀 오래됐어요.

民友
hán wèi yù ma?
含卫浴吗？ » 방에 화장실이 딸려 있나요?

刘敏
bù hán.
不含。 » 없어요.

刘敏 nǐ xiàn zài zhù de xiǎo qū zěn me yàng?
你现在住的小区怎么样？ » 지금 살고 있는 동네는 어때요?

民友 jiāo tōng hěn fāng biàn.
交通很方便。 » 교통이 편리해요.

刘敏 nǐ jiā de gōng yù shì jǐ fáng jǐ tīng?
你家的公寓是几房几厅？ » 아파트는 방이 몇 개예요?

民友 sān fáng liǎng tīng liǎng wèi.
三房两厅两卫。 » 방 세 개에 거실과 부엌, 화장실/욕실 두 개예요.

刘敏 zhēn bú cuò!
真不错！ » 좋네요!

民友 yǒu kōng lái wánr.
有空来玩儿。 » 시간 있을 때 놀러 와요.

Real Life conversation

  민우와 류민의 음식 이야기

(民友) **小刘，你喜欢吃什么？** » 샤우류, 뭘 즐겨 먹어요?
xiǎo liú, nǐ xǐ huan chī shén me?

(刘敏) **我喜欢吃水果。** » 과일을 좋아해요.
wǒ xǐ huan chī shuǐ guǒ.

(民友) **你最喜欢什么水果？** » 가장 좋아하는 과일이 뭐예요?
nǐ zuì xǐ huan shén me shuǐ guǒ?

(刘敏) **我最喜欢西瓜。** » 수박을 가장 좋아해요.
wǒ zuì xǐ huan xī guā.

(民友) **你讨厌吃什么？** » 뭘 먹기 싫어해요?
nǐ tǎo yàn chī shén me?

(刘敏) **我讨厌青椒和胡萝卜。** » 피망과 당근을 싫어해요.
wǒ tǎo yàn qīng jiāo hé hú luó bo.

你有没有什么不吃的？ » 민우 씨는 안 먹는 거 있어요?
nǐ yǒu méi yǒu shén me bù chī de?

(民友) **没有，我什么都吃。** » 없어요. 뭐든지 다 잘 먹어요.
méi yǒu, wǒ shén me dōu chī.

(刘敏) **你能吃辣吗？** » 매운 거 잘 먹어요?
nǐ néng chī là ma?

(民友) **能，我最爱吃辣。** » 네, 매운 거 완전 좋아해요.
néng, wǒ zuì ài chī là.

(刘敏) **你喜欢吃肉还是吃菜？** » 고기를 좋아해요, 채소를 좋아해요?
nǐ xǐ huān chī ròu hái shì chī cài?

民友 dōu xǐ huan, wǒ bù tiāo shí.
都喜欢，我不挑食。 » 다 좋아해요. 편식 안 해요.

民友 nǐ xǐ huan chī shén me kǒu wèi de cài?
你喜欢吃什么口味的菜？ » 샤우류는 어떤 맛의 음식을 좋아해요?

刘敏 wǒ xǐ huan suān là de kǒu wèi.
我喜欢酸辣的口味。 » 새콤하고 매운 맛을 좋아해요.

民友 wài guó rén xǐ huan chī shén me hán guó cài?
外国人喜欢吃什么韩国菜？ » 외국인은 어떤 한국 요리를 좋아해요?

刘敏 yì bān dōu xǐ huan chī shēn jī tāng.
一般都喜欢吃参鸡汤。 » 보통 삼계탕을 다들 좋아해요.

刘敏 mín yǒu, nǐ wǔ fàn dōu qù nǎr chī?
民友，你午饭都去哪儿吃？ » 민우 씨, 점심은 주로 어디에서 먹어요?

民友 zài yuán gōng cān tīng chī.
在员工餐厅吃。 » 구내식당에서 먹고요.

ǒu ěr zì jǐ dài hé fàn.
偶尔自己带盒饭。 » 가끔 도시락을 싸와서 먹어요.

刘敏 a, nǐ huì zuò cài ya?
啊，你会做菜呀？ » 어머, 요리할 줄 아세요?

民友 huì.
会。 » 네.

Real Life conversation

 민우와 류민의 쇼핑 이야기

刘敏　mín yǒu, míng tiān nǐ yǒu kòng ma?
民友，明天你有空吗？ » 민우 씨, 내일 시간 있어요?

民友　míng tiān méi kòng, hòu tiān kě yǐ ma?
明天没空，后天可以吗？ » 내일은 시간이 없는데, 모레 괜찮아요?

刘敏　kě yǐ.
可以。 » 좋아요.

民友　nǐ xiǎng zuò shén me?
你想做什么？ » 뭐 하고 싶어요?

刘敏　wǒ xiǎng qù guàng jiē.
我想去逛街。 » 쇼핑하러 가고 싶어요.

民友　nǐ xiǎng mǎi shén me?
你想买什么？ » 뭐 사고 싶은데요?

刘敏　wǒ xiǎng mǎi yī fu.
我想买衣服。 » 옷을 사고 싶어요.

民友　nà qù dōng dà mén ba.
那去东大门吧。 » 그럼 동대문에 가요.

yào bú yào qù chuán tǒng shì chǎng?
要不要去传统市场？ » 전통시장에 갈까요?

刘敏　hǎo.
好。 » 좋아요.

xiān qù dōng dà mén, zài qù shì chǎng.
先去东大门，再去市场。 » 먼저 동대문에 갔다가 시장으로 가요.

민友 zài zhōng guó, yí jiàn yī fu duō shao qián?
在中国，一件衣服多少钱？ » 중국에서 옷 한 벌에 얼마예요?

刘敏 pián yí de yì yuán yě yǒu,
便宜的一元也有， » 싼 거는 1원도 있고,

guì de yì qiān yuán yě yǒu.
贵的一千元也有。 » 비싼 거는 천 원도 있어요.

민友 nà yì bān jú zi zěn me mài?
那一般橘子怎么卖？ » 그럼, 귤은 보통 어떻게 팔아요?

刘敏 chà bù duō yì jīn yí kuài wǔ.
差不多一斤一块五。 » 대략 한 근에 1.5원이에요.

zài dōng dà mén, néng kǎn jià ma?
在东大门，能砍价吗？ » 동대문에서 값을 깎아도 돼요?

민友 yǒu xiē kě yǐ,
有些可以， » 어떤 곳은 가능해요.

yǒu shí hòu yě huì dǎ zhé.
有时候也会打折。 » 때때로 할인도 해요.

刘敏 mín yǒu, nǐ píng shí dōu qù nǎr mǎi dōng xi?
民友，你平时都去哪儿买东西？ » 민우 씨는 평소에 어디에서 쇼핑해요?

민友 wǒ píng shí dōu wǎng shàng gòu wù.
我平时都网上购物。 » 주로 온라인 쇼핑을 해요.

刘敏 hán guó wǎng gòu zěn me yàng?
韩国网购怎么样？ » 한국의 온라인 쇼핑은 어때요?

민友 fā huò hěn kuài sù.
发货很快速。 » 배송이 빨라요.

Real Life conversation

민우와 류민의 운동 이야기

民友 xiǎo liú, nǐ xǐ huan shén me yùn dòng?
小刘，你喜欢什么运动？ » 샤우류, 어떤 운동을 가장 좋아해요?

刘敏 wǒ xǐ huan dǎ wǎng qiú. nǐ ne?
我喜欢打网球。你呢？ » 테니스를 좋아해요. 민우 씨는요?

民友 wǒ xǐ huan yóu yǒng.
我喜欢游泳。 » 난 수영을 좋아해요.

刘敏 nà nǐ yì zhōu yóu yǒng jǐ cì?
那你一周游泳几次？ » 그럼 일주일에 수영을 몇 번 해요?

民友 yì zhōu sān cì.
一周三次。 » 일주일에 세 번이요.

nǐ zài nǎ lǐ dǎ wǎng qiú?
你在哪里打网球？ » 테니스는 어디서 쳐요?

刘敏 yì bān zài xué xiào de wǎng qiú chǎng.
一般在学校的网球场。 » 주로 학교 테니스장에서요.

民友 měi cì yùn dòng duō jiǔ ne?
每次运动多久呢？ » 매번 얼마나 운동해요?

刘敏 tōng cháng hé péng yǒu dǎ yí ge bàn xiǎo shí.
通常和朋友打一个半小时。 » 보통 친구와 한 시간 반 동안 쳐요.

刘敏 nǐ huì kàn yùn dòng bǐ sài ma?
你会看运动比赛吗？ » 민우 씨는 운동 경기를 봐요?

民友 wǒ huì kàn zú qiú bǐ sài.
我会看足球比赛。 » 축구 경기를 봐요.

nǐ yào mǎi yùn dòng yòng pǐn ma?
你要买运动用品吗？ » 샤우류는 운동 용품을 살 거예요?

劉敏 yào.
要。 » 네.

wèi le liàn xí dǎ wǎng qiú, wǒ yào mǎi qiú pāi.
为了练习打网球，我要买球拍。 » 테니스 연습하려고 라켓을 살 거예요.

民友 nǐ huì zài shén me yùn dòng shàng huā qián?
你会在什么运动上花钱？ » 어떤 운동에 돈을 쓸 거예요?

劉敏 wǒ bào míng le yú gā bān.
我报名了瑜伽班。 » 요가 클래스를 등록했어요.

nǐ píng shí huì gēn jiā rén huò péng yǒu yì qǐ yùn dòng ma?
你平时会跟家人或朋友一起运动吗？
» 민우 씨는 평일에 가족이나 친구와 같이 운동해요?

民友 huì a,
会啊， » 네.

zhōu mò huì gēn péng yǒu yì qǐ qù dēng shān.
周末会跟朋友一起去登山。 » 주말에 친구와 같이 등산해요.

劉敏 zài yùn dòng zhōng guò shàng guò ma?
在运动中受过伤吗？ » 운동하다가 다친 적 있어요?

民友 pǎo bù de shí hòu shuāi guò jiāo.
跑步的时候摔过跤。 » 달리기할 때 넘어진 적이 있어요.

劉敏 máng de shí hòu, hái huì yùn dòng ma?
忙的时候，还会运动吗？ » 바쁠 때도 운동해요?

民友 huì, yīn wèi wǒ xǐ huan yùn dòng.
会，因为我喜欢运动。 » 네. 운동을 좋아해서요.

Real Life conversation

민우와 류민의 취향과 취미 이야기

（民友） xiǎo liú, nǐ xǐ huan shén me yán sè?
小刘，你喜欢什么颜色？ » 샤우류, 무슨 색을 좋아해요?

（刘敏） wǒ xǐ huan lán sè.
我喜欢蓝色。 » 파란색을 좋아해요.

suǒ yǐ xǐ huan lán sè de dà hǎi.
所以喜欢蓝色的大海。 » 그래서 넓고 푸른 바다를 좋아해요.

（刘敏） mín yǒu, nǐ xǐ huan shān hái shì hǎi?
民友，你喜欢山还是海？ » 민우 씨, 산을 좋아해요, 바다를 좋아해요?

（民友） wǒ xǐ huan qiū tiān de shān.
我喜欢秋天的山。 » 가을 산을 좋아해요.

suǒ yǐ cháng qù dēng shān.
所以常去登山。 » 그래서 등산을 자주 가요.

（民友） nǐ cháng qù nǎ xiē dì fang?
你常去哪些地方？ » 샤우류는 자주 가는 장소가 있어요?

（刘敏） wǒ cháng qù kā fēi guǎn.
我常去咖啡馆。 » 커피숍에 자주 가요.

（民友） zuò shén me?
做什么？ » (거기서) 뭐 해요?

（刘敏） dú shū.
读书。 » 책을 읽어요.

（民友） zuì jìn dú le shén me shū?
最近读了什么书？ » 요즘 무슨 책을 읽어요?

刘敏 dú le tuī lǐ xiǎo shuō.
读了推理小说。 » 추리 소설을 읽었어요.

民友 zuì jìn zài xué xí shén me ne?
最近在学习什么呢? » 요즘에 뭐 새로 배운 거 있어요?

刘敏 wǒ zuì jìn zài xué kāi chē.
我最近在学开车。 » 요즘 운전을 배우고 있어요.

nǐ yǒu kōng shí xǐ huan zuò xiē shén me?
你有空时喜欢做些什么? » 민우 씨는 시간이 날 때 뭐 하는 걸 좋아해요?

民友 dēng shān hé màn pǎo. nǐ ne?
登山和慢跑。你呢? » 등산과 조깅이요. 샤우류는요?

刘敏 wǒ xǐ huan kàn diàn yǐng.
我喜欢看电影。 » 영화 보는 거 좋아해요.

tè bié shì xǐ jù piàn.
特别是喜剧片。 » 특히 코미디요.

刘敏 mín yǒu, nǐ huì yǎn zòu shén me yuè qì?
民友，你会演奏什么乐器? » 민우 씨, 연주할 수 있는 악기 있어요?

民友 wǒ huì tán jí tā. nǐ ne?
我会弹吉他。你呢? » 기타를 칠 줄 알아요. 샤우류는요?

刘敏 wǒ huì tán gāng qín.
我会弹钢琴。 » 피아노를 칠 수 있어요.

Real Life conversation

Scene #14

 민우와 류민의 일 이야기

（民友） xiǎo liú, nǐ xǐ huan shén me kē mù?
小刘，你喜欢什么科目？ » 샤우류, 어떤 과목을 좋아했어요?

（刘敏） wǒ xǐ huan tǐ yù hé měi shù.
我喜欢体育和美术。 » 체육과 미술을 좋아했어요.

nǐ dà xué dú shén me zhuān yè?
你大学读什么专业？ » 민우 씨는 대학에서 뭘 전공했어요?

（民友） wǒ dú jīn róng xì.
我读金融系。 » 내 전공은 금융학과예요.

nǐ zhuān yè shì shén me?
你专业是什么？ » 샤우류는 전공이 뭐죠?

（刘敏） shè jì xì.
设计系。 » 디자인학과예요.

（民友） nǐ dǎ guò gōng ma?
你打过工吗？ » 아르바이트를 한 적이 있어요?

（刘敏） dǎ guò.
打过。 » 네.

（民友） dǎ guò shén me gōng?
打过什么工？ » 어떤 아르바이트를 해봤어요?

（刘敏） jiā jiào.
家教。 » 과외요.

yě dāng guò kā fēi guǎn fú wù yuán.
也当过咖啡馆服务员。 » 커피숍 직원도 해봤어요.

wǒ xiǎng qù dǎ gōng lǚ xíng,
我想去打工旅行， » 워킹홀리데이를 가고 싶은데.

nǐ dǎ gōng lǚ xíng guò ma?
你打工旅行过吗？ » 혹시 민우 씨는 워킹홀리데이 경험 있어요?

wǒ zài ào dà lì yà dǎ gōng lǚ háng guò.
民友 我在澳大利亚打工旅行过。 » 호주에서 워킹홀리데이 해봤어요.

---

nǐ xiǎo shí hòu xiǎng dāng shén me?
刘敏 你小时候想当什么？ » 민우 씨는 어렸을 때 뭐가 되고 싶었어요?

wǒ xiǎo shí hòu xiǎng dāng kē xué jiā.
民友 我小时候想当科学家。 » 어렸을 때 과학자가 되고 싶었어요.

nǐ ne?
你呢？ » 샤오류는요?

wǒ xiǎng dāng hù shi.
刘敏 我想当护士。 » 간호사가 되고 싶었어요.

nà nǐ xiàn zài xiǎng zuò shén me gong zuò?
民友 那你现在想做什么工作？ » 그럼 지금은 어떤 일을 하고 싶어요?

wǒ xiǎng qù guǎng gào gōng sī gōng zuò.
刘敏 我想去广告公司工作。 » 광고 회사에서 일하고 싶어요.

---

mín yǒu. nǐ xiàn zài zài nǎ lǐ gōng zuò?
刘敏 民友，你现在在哪里工作？。 » 민우 씨는 지금 어디서 일해요?

wǒ zài mào yì gōng sī shàng bān.
民友 我在贸易公司上班。 » 무역 회사에 다니고 있어요.

gōng zuò jǐ nián le?
刘敏 工作几年了？ » 일한 지 몇 년 됐어요?

kuài liǎng nián le.
民友 快两年了。 » 거의 2년 됐어요.

nǐ fù mǔ zài nǎ lǐ gōng zuò?
你父母在哪里工作？ » 샤오류 부모님은 어디서 일하세요?

wǒ fù mǔ zài shàng hǎi zuò shēng yì.
刘敏 我父母在上海做生意。 » 제 부모님은 상하이에서 사업하세요.

민우와 류민의 연예계 이야기

민友
xiǎo liú, nǐ cháng kàn shén me diàn shì jié mù?
小刘，你常看什么电视节目? » 샤우류, 어떤 프로그램을 자주 봐요?

刘敏
ǒu ěr kàn kan lián xù jù.
偶尔看看连续剧。 » 드라마를 가끔씩 봐요

nǐ ne?
你呢? » 민우 씨는요?

民友
wǒ cháng kàn tǐ yù pín dào.
我常看体育频道。 » 저는 스포츠 채널만 봐요

zuì jìn kàn guò nǎ xiē lián xù jù?
最近看过哪些连续剧? » 요즘 본 드라마 있어요?

刘敏
wèi shēng.
《未生》。 » 〈미생〉이요

民友
nà bù lìng wǒ gǎn chù hěn shēn.
那部令我感触很深。 » 그 작품은 정말 감동적이었죠

- -

刘敏
nǐ yǒu méi yǒu xǐ huan de yǎn yuán?
你有没有喜欢的演员? » 민우 씨는 좋아하는 배우가 있어요?

民友
lǐ zhèng zǎi, tā de yǎn jì hěn bàng.
李政宰，他的演技很棒。 » 이정재요. 그는 연기력이 짱이에요

刘敏
wǒ xǐ huān hé zhì yuàn.
我喜欢河智苑。 » 저는 하지원을 좋아해요

nǐ zuì xǐ huan de hán guó diàn yǐng shì nǎ bù?
你最喜欢的韩国电影是哪部?
» 민우 씨가 가장 좋아하는 한국 영화는 뭐예요?

民友
fèng jùn hào zhí dǎo de   hàn jiāng guài wù.
奉俊昊执导的《汉江怪物》。 » 봉준호 (감독이) 연출한 〈괴물〉이요.

民友
nǐ dōu kàn guò shuí de yǎn chàng huì?
你都看过谁的演唱会？ » 샤우류는 누구 콘서트 가봤어요?

刘敏
wǒ zài xiāng gǎng kàn guò chén yì xùn de yǎn chàng huì.
我在香港看过陈奕迅的演唱会。

» 홍콩에서 진혁신의 콘서트를 본 적이 있어요.

民友
wǒ kàn guò xú tài zhì de yǎn chàng huì.
我看过徐太志的演唱会。 » 나는 서태지의 콘서트를 본 적이 있어요.

tā de fēng gé hěn dú tè.
他的风格很独特。 » 그의 스타일은 정말 독특해요.

刘敏
nǐ xǐ huan shén me lèi xíng de yīn yuè?
你喜欢什么类型的音乐？ » 어떤 음악을 좋아해요?

民友
wǒ xǐ huan liú xíng yuè hé yáo gǔn yuè.
我喜欢流行乐和摇滚乐。 » 팝과 록 음악을 좋아해요.

刘敏
nǐ xǐ huan de gē shǒu huò yuè duì yǒu nǎ xiē?
你喜欢的歌手或樂队有哪些？ » 좋아하는 가수나 밴드는 누구예요?

民友
yǐn dào xián de yuè duì.
尹道贤的乐队。 » 윤도현밴드요

yǒu kòng shí yì qǐ qù kàn ba!
有空时一起去看吧！ » 시간 있을 때 같이 보러 가요!

Real Life conversation

  민우와 류민의 연애와 결혼 이야기

（民友） xiǎo liú, nǐ chū liàn shì shén me shí hòu?
小刘，你初恋是什么时候？ » 샤우류, 첫사랑은 언제 했어요?

（刘敏） gāo zhōng yì nián jí de shí hòu.
高中一年级的时候。 » 고등학교 1학년 때요

nǐ ne?
你呢？ » 민우 씨는요?

（民友） jì bù dé le.
记不得了。 » 기억이 안 나네요.

（刘敏） zhēn de?
真的？ » 정말요?

（民友） kāi wán xiào de.
开玩笑的。 » 농담이에요.

wǒ èr shí suì cái chū liàn.
我二十岁才初恋。 » 스무 살이 되어서야 첫사랑을 했어요

（刘敏） chū liàn duì xiàng shì shéi?
初恋对象是谁？ » 첫사랑은 누구였어요?

（民友） chū liàn shì dà xué xué jiě.
初恋是大学学姐。 » 첫사랑은 대학교 선배 누나였어요

（刘敏） hòu lái zěn me yàng le?
后来怎么样了？ » 그 후에 어떻게 됐어요?

（民友） jiāo wǎng hòu yòu fēn shǒu le.
交往后又分手了。 » 사귀다가 헤어졌어요

nǐ yǒu jiāo wǎng duì xiàng ma?

你有交往对象吗? » 사우류는 사귀는 사람 있어요?

(刘敏)
xiàn zài méi yǒu.

现在没有。 » 지금은 없어요.

(民友)
nǐ lǐ xiǎng xíng shì shén me yàng de?

你理想型是什么样的? » 이상형은 어떤 사람이에요?

(刘敏)
wǒ xǐ huan yáng guāng nán hái.

我喜欢阳光男孩。 » 밝고 건강한 남자를 좋아해요.

hái yào zhǎng dé shuài, cōng ming, lǎo shi, yǒu zé rèn gǎn…

还要长得帅、聪明、老实、有责任感…。
» 그리고 잘생기고 똑똑하고 성실하고 책임감 있는…

(民友)
tiáo jiàn tài duō le ba!

条件太多了吧! » 조건이 너무 많잖아요!

(刘敏)
kāi wán xiào de.

开玩笑的。 » 농담이에요.

hé de lái jiù hǎo.

合得来就好。 » 마음이 맞으면 돼요.

(民友)
nián líng chā yǒu guān xi ma?

年龄差有关系吗? » 나이 차는 상관있어요?

(刘敏)
méi guān xi.

没关系。 » 상관없어요.

(刘敏)
nǐ duì jié hūn yǒu shén me xiǎng fǎ?

你对结婚有什么想法? » 민우 씨는 결혼에 대해 어떻게 생각해요?

(民友)
wǒ bù xiǎng tài zǎo jié hūn.

我不想太早结婚。 » 빨리 결혼하고 싶진 않아요.

(刘敏)
nǐ xiàng qīn guò ma?

你相亲过吗? » 맞선을 본 적 있어요?

(民友)
méi yǒu,

没有, » 맞선은 없는데,

dàn wǒ cān jiā guò dān shēn jù huì.

但我参加过单身聚会。 » 미팅은 나가 본 적 있어요.

Real Life conversation

 민우와 류민의 교통과 장소 이야기

민 敏 | mín yǒu, nǐ kāi chē shàng bān ma?
民友，你开车上班吗？ » 민우 씨는 차로 출근해요?

民友 | ǒu ěr kāi chē, zhǔ yào zuò dì tiě.
偶尔开车，主要坐地铁。 » 가끔 차로 가는데, 주로 지하철을 타요.

xiǎo liú, nǐ jīng cháng zuò dì tiě ma?
小刘，你经常坐地铁吗？ » 샤오류, 지하철을 자주 타요?

刘敏 | duì, wǒ jīng cháng zuò dì tiě.
对，我经常坐地铁。 » 네, 지하철을 자주 타요.

- -

民友 | nǐ xǐ huan zuò shén me jiāo tōng gōng jù?
你喜欢坐什么交通工具？ » 어떤 교통수단을 좋아해요?

刘敏 | wǒ xǐ huan zuò huǒ chē,
我喜欢坐火车， » 기차 타는 거 좋아해요.

kě yǐ kàn fēng jǐng.
可以看风景。 » 경치를 볼 수 있어서요.

duì le, cháng tú gāo sù bā shì zài nǎ zuò?
对了，长途高速巴士在哪坐？ » 참, 고속버스는 어디서 타요?

民友 | zài jiāng nán de gāo sù bā shì kè yùn zhàn.
在江南的高速巴士客运站。 » 강남의 고속버스 터미널에서요.

nǐ yào qù nǎr?
你要去哪儿？ » 어디 가려고요?

刘敏 | wǒ xiǎng qù fǔ shān wánr.
我想去釜山玩儿。 » 부산에 놀러 가고 싶어요.

（民友）
nà zuò gāo tiě gèng kuài.
那坐高铁更快。 » KTX를 타면 더 빨라요.

（刘敏）
cóng shǒu ěr dā gāo tiě dào fǔ shān yào duō jiǔ?
从首尔搭高铁到釜山要多久？

» 서울에서 부산까지 KTX로 얼마나 걸려요?

（民友）
liǎng ge bàn xiǎo shí.
两个半小时。 » 두 시간 반이요.

（刘敏）
nà, zěn yàng cóng shǒu ěr chū fā dào jì zhōu dǎo?
那，怎样从首尔出发到济州岛？ » 그럼, 서울에서 제주도는 어떻게 가요?

（民友）
nǐ kě yǐ zuò chuán, huò zhě zuò fēi jī.
你可以坐船，或者坐飞机。 » 배로 가거나 비행기를 타요.

（民友）
wǒ yǐ hòu xiǎng qù zhōng guó lǚ xíng,
我之后想去中国旅行， » 나중에 중국 여행을 갈 생각인데,

cóng rén chuān jī chǎng fēi dào běi jīng xū yào jǐ ge xiǎo shí?
从仁川机场飞到北京需要几个小时？
» 인천공항에서 베이징까지 비행기로 얼마나 걸려요?

（刘敏）
hěn kuài, zhǐ yào liǎng ge xiǎo shí.
很快，只要两个小时。 » 빨라요, 두 시간 만에 가요.

（民友）
tài hǎo le.
太好了。 » 잘됐네요.

Real Life conversation

  ## 민우와 류민의 약속과 전화 이야기

民友　wéi,　qǐng wèn shì liú mǐn jiā ma?
喂，请问是刘敏家吗？ » 여보세요, 류민 집이죠?

刘母　tā bú zài jiā.
她不在家， » 류민은 집에 없는데,

nǐ dǎ tā shǒu jī ba.
你打她手机吧。 » 휴대전화로 전화해 봐요.

nǐ zhī dào tā shǒu jī hào ma?
你知道她手机号吗？ » 전화번호 알아요?

民友　bù zhī dào,　má fán nǐ gào su wǒ yí xià.
不知道，麻烦你告诉我一下。 » 잘 모르는데요, 알려 주시겠어요?

刘母　líng yāo líng yāo èr sān sì wǔ liù qī bā.
010-1234-5678。 » 010–1234–5678이에요.

jì zhù le ma?
记住了吗？ » 기억하겠어요?

民友　jì zhù le,　xiè xie.
记住了，谢谢。 » 네, 외웠어요. 고맙습니다.

- -

民友　wéi?　xiǎo liú ma?
喂？小刘吗？ » 여보세요? 샤우류죠?

刘敏　wǒ jiù shì,　nǐ shì nǎ wèi?
我就是，你是哪位？ » 네, 누구세요?

民友　wǒ shì mín yǒu,　zuó tiān nǐ qù nǎr le?
我是民友，昨天你去哪儿了？ » 저 민우예요, 어제 어디 갔었어요?

刘敏 wǒ qù qīn qi jiā le.
我去亲戚家了。 » 친척 집에 다녀왔어요.

nǐ zhǎo wǒ yǒu shén me shì ma?
你找我有什么事吗? » 무슨 일이에요?

民友 nǐ yào de dōng xī wǒ gěi nǐ zhǔn bèi hǎo le,
你要的东西我给你准备好了, » 샤우류가 말했던 물건 준비됐는데,

nǐ míng tiān wǎn shang yǒu shí jiān ma?
你明天晚上有时间吗? » 내일 저녁에 시간이 있어요?

刘敏 míng tiān wǒ bǐ jiào máng, kě néng méi yǒu shí jiān.
明天我比较忙,可能没有时间。 » 내일은 좀 바빠서 시간이 없을지도 몰라요.

nǐ shén me shí hòu yǒu shí jiān?
你什么时候有时间? » 민우 씨는 언제 시간 있어요?

民友 wǒ xià bān zhī hòu dōu yǒu shí jiān, huò zhě zhōu mò yě kě yǐ.
我下班之后都有时间,或者周末也可以。
» 퇴근 후엔 시간이 언제든 돼요. 주말도 괜찮아요.

刘敏 tài hǎo le! wǒ zhōu mò yě yǒu shí jiān.
太好了! 我周末也有时间。 » 잘됐어요! 나도 주말에 시간이 돼요.

民友 nà zhōu liù zǎo shang wǒ bǎ dōng xi gěi nǐ ba.
那周六早上我把东西给你吧。 » 그럼 토요일 아침에 물건을 줄게요.

刘敏 hǎo de, wǒ men zài nǎ lǐ jiàn ne?
好的,我们在哪里见呢? » 좋아요, 어디서 만날까요?

民友 zài tú shū guǎn mén kǒu jiàn ba.
在图书馆门口见吧。 » 도서관 입구에서 만나요.

刘敏 wǒ méi tīng qīng chǔ, zài shuō yí biàn.
我没听清楚,再说一遍。 » 못 알아들었어요, 한 번 더 말해 줘요.

民友 wǒ shuō míng tiān zài tú shū guǎn mén kǒu jiàn.
我说明天在图书馆门口见。 » 내일 도서관 입구에서 만나자고요.

刘敏 méi wèn tí, jǐ diǎn?
没问题,几点? » 그래요, 몇 시예요?

民友 jiǔ diǎn bàn zěn me yàng?
九点半怎么样? » 9시 반 어때요?

刘敏 hǎo de, wǒ chī wán zǎo fàn jiù guò qù.
好的,我吃完早饭就过去。 » 그래요, 아침 먹고 바로 갈게요.

민우와 류민의 한국과 중국 이야기

民友 xiǎo liú, nǐ zhī bù zhī dào zhōng guó yóu kè cháng dào hán guó nǎ lǐ?
小刘，你知不知道中国游客常到韩国哪里？
» 샤우류, 한국에서 중국 관광객들이 많이 가는 곳이 어딘지 알아요?

刘敏 hěn duō yóu kè dào shǒu ěr gòu wù.
很多游客到首尔购物。 » 많은 관광객들이 서울에 와서 쇼핑해요.

民友 dōu mǎi xiē shén me?
都买些什么？ » 주로 뭘 사요?

刘敏 miǎn shuì diàn de yān jiǔ hé huà zhuāng pǐn.
免税店的烟酒和化妆品。 » 면세점의 술 담배와 화장품이요.

nà, hán guó rén cháng qù de zhōng guó jǐng diǎn shì nǎ lǐ?
那，韩国人常去的中国景点是哪里？
» 그럼, 한국 사람이 많이 가는 중국 관광지는 어디예요?

民友 zhāng jiā jiè hé jiǔ zhài gōu.
张家界和九寨沟。 » 장가계와 구채구예요.

刘敏 jù yǒu dài biǎo xìng de hán guó liào lǐ yǒu nǎ xiē?
具有代表性的韩国料理有哪些？ » 한국의 대표적인 요리가 뭐예요?

民友 dāng rán shì bàn fàn.
当然是拌饭。 » 당연히 비빔밥이죠.

lù biān xiǎo chī de huà jiù shì chǎo nián gāo le.
路边小吃的话就是炒年糕了。 » 길거리 먹거리라면 바로 떡볶이고요.

民友 zhōng guó de jiù cān lǐ yí yǒu nǎ xiē?
中国的就餐礼仪有哪些？ » 중국의 식사 예절은 어때요?

刘敏 shí yòng gōng kuài mǔ chí.
使用公筷母匙。 » 공용 수저를 써요.

zài hán guó, hē jiǔ yǒu nǎ xiē lǐ yí?
在韩国，喝酒有哪些礼仪？ » 한국에서 어떤 음주 예절이 있어요?

民友 bù néng gěi zì jǐ dào jiǔ.
不能给自己倒酒。 » 자기 술잔에 술을 따르면 안 돼요.

民友 zài zhōng guó, sòng hóng bāo yǒu nǎ xiē lǐ yí?
在中国，送红包有哪些礼仪？
» 중국에서 축의금을 주는 예절은 어떤 것이 있어요?

刘敏 jīn é yào shuāng shù.
金额要双数。 » 액수는 짝수로 해야 돼요.

刘敏 hán guó rén shén me shí hòu huì chuān hán fú?
韩国人什么时候会穿韩服？ » 한국 사람은 언제 한복을 입어요?

民友 shòu yàn hé jié hūn shí dōu huì chuān.
寿宴和结婚时都会穿。 » 생일잔치와 결혼할 때 입어요.

刘敏 hán guó shēng huó xí sú yǒu nǎ xiē?
韩国生活习俗有哪些？ » 한국의 생활 풍습은 어떤 것이 있어요?

民友 shēng rì shí yào hē hǎi dài tāng.
生日时要喝海带汤。 » 생일에 미역국을 먹어요.

xiǎo liú, zhōng guó de chūn jié yì bān dōu zuò xiē shén me?
小刘，中国的春节一般都做些什么？
» 샤우류, 중국의 춘절에는 보통 뭐 해요?

刘敏 chú xī yào chī nián yè fàn, hái yǒu fàng bào zhú.
除夕要吃年夜饭，还有放爆竹。
» 섣달 그믐날 밤에 모여서 밥을 먹고, 폭죽도 터뜨려요.

Real Life conversation

Scene #20

 민우와 류민의 여행 이야기

(民友) xiǎo liú, nǐ xǐ huan shén me yàng de lǚ xíng?
小刘，你喜欢什么样的旅行？ » 샤우류, 어떤 여행을 좋아해요?

(刘敏) wǒ xǐ huan yí gè rén lǚ xíng.
我喜欢一个人旅行。 » 혼자서 여행하는 거 좋아해요.

nǐ ne?
你呢？ » 민우 씨는요?

(民友) wǒ xǐ huan zì zhù lǚ xíng.
我喜欢自助旅行。 » 배낭여행을 좋아해요.

(刘敏) xiǎng gēn shuí qù lǚ xíng?
想跟谁去旅行？ » 여행 가면 누구랑 가고 싶어요?

(民友) gēn jiā rén huò péng yǒu qù.
跟家人或朋友去。 » 가족이나 친구요.

(民友) nǐ xǐ huan qù nǎ xiē dì fang ne?
你喜欢去哪些地方呢？ » 샤우류는 어디로 가는 거 좋아해요?

(刘敏) wǒ xǐ huan qù xiāng cūn.
我喜欢去乡村。 » 저는 시골에 가는 거 좋아해요.

kě yǐ tǐ yàn bù yí yàng de shēng huó.
可以体验不一样的生活。 » 색다른 생활을 체험할 수 있어서요.

(民友) nǐ zěn yàng zhì dìng lǚ xíng jì huà ne?
你怎样制定旅行计划呢？ » 여행 계획은 어떻게 세워요?

刘敏 wǒ jīng cháng méi yǒu jì huà.
我经常没有计划。 » 그냥 따로 계획이 없어요.

刘敏 nǐ xiǎng tōng guò shén me jiāo tōng gōng jù qù lǚ xíng?
你想通过什么交通工具去旅行？
» 여행 갈 때 어떤 교통수단을 이용하고 싶어요?

民友 wǒ xiǎng cháng shì tú bù lǚ xíng.
我想尝试徒步旅行。 » 도보 여행을 해보고 싶어요.

刘敏 lǚ xíng shí nǐ yí dìng huì dài shang shén me wù pǐn?
旅行时你一定会带上什么物品？ » 여행 갈 때 꼭 챙기는 건 뭐예요?

民友 wǒ huì dài xiàng jī.
我会带相机。 » 카메라를 꼭 가져가요.

刘敏 nà nǐ lǚ xíng shí pāi hěn duō zhào piàn ba?
那你旅行时拍很多照片吧？ » 그럼 여행할 때 사진을 많이 찍겠네요?

民友 duì, wǒ xǐ huan lǚ xíng shí pāi zhào.
对，我喜欢旅行时拍照。 » 네, 여행할 때 사진 찍는 거 좋아해요.

刘敏 nǐ qù guò zhōng guó nǎ xiē dì fang?
你想去中国哪些地方？ » 중국에서 가보고 싶은 곳은 어디예요?

民友 hā ěr bīn, tīng shuō xuě jǐng hěn piào liang.
哈尔滨，听说雪景很漂亮。 » 하얼빈이요. 설경이 아주 아름답다고 해서요.

民友 xiǎo liú, nǐ jué de lǚ xíng de lè qù shì shén me?
小刘，你觉得旅行的乐趣是什么？
» 샤우류, 여행의 즐거움은 뭐라고 생각해요?

刘敏 dāng rán shì chī dāng dì de měi shí.
当然是吃当地的美食。 » 당연히 그 지방의 맛있는 음식이죠.

QUESTION LIST

궁금한 질문을 찾아볼 수 있도록

무려 **200개의 질문 리스트**를 한자리에 모았어요.

외국인을 만나 침묵하기 있기, 없기?

여기 Question List로 생각하지 않아도

톡톡 나오는 중국어를 꿈꾸세요!

생활과 습관

Q061 매일 어떻게 출근해요(학교에 가요)?

Q062 차를 운전할 줄 알아요?

Q063 야행성이에요?

Q064 왼손잡이예요?

Q065 퇴근(방과) 후 보통 뭐 해요?

Q066 운동하는 습관이 들어 있나요?

Q067 샤워는 아침에 하는 편이에요, 저녁에 하는 편이에요?

Q068 휴대전화로 주로 뭘 해요?

Q069 인터넷은 자주 해요?

Q070 담배 피워요?

건강

Q071 그는 키가 커요?

Q072 그는 눈이 커요?

Q073 그녀는 머리가 길어요?

Q074 그(그녀)는 어떻게 생겼나요?

Q075 오늘 안색이 별로 안 좋아 보이네요.

Q076 어떻게 된 거예요?

Q077 어디 아파요?

Q078 열이 났어요?

Q079 병원에 가봤어요?

Q080 자주 아픈 편이에요?

집

Q081 아파트에 살아요?

Q082 기숙사에 살아요, 집에 살아요?

Q083 몇 층에 살아요?

Q084 어떤 집에서 살아요?

Q085 침실이 몇 개 있어요?

Q086 집에 방이 몇 개예요?

Q087 살고 있는 방에 화장실이 딸려 있나요?

Q088 살고 있는 방은 어때요?

Q089 살고 있는 동네는 어때요?

Q090 당신 집에 (구경하러) 가도 돼요?